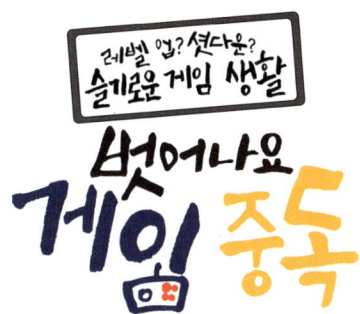

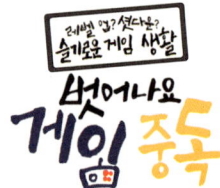

1판 2쇄 발행 2022년 7월 20일

글쓴이	모비
그린이	황하석

편집	이용혁 박재언 이순아
디자인	문지현 오나경

펴낸이	이경민
펴낸곳	㈜동아엠앤비
출판등록	2014년 3월 28일(제25100-2014-000025호)
주소	(03737) 서울특별시 서대문구 충정로 35-17 인촌빌딩 1층
홈페이지	www.moongchibooks.com
전화	(편집) 02-392-6901 (마케팅) 02-392-6900
팩스	02-392-6902
전자우편	damnb0401@naver.com
SNS	

ISBN 979-11-6363-340-2 (74400)

※ 책 가격은 뒤표지에 있습니다.
※ 잘못된 책은 구입한 곳에서 바꿔 드립니다.
※ 이 책에 실린 사진은 위키피디아, 셔터스톡에서 제공받았습니다.

도서출판 뭉치는 ㈜동아엠앤비의 어린이 출판 브랜드로, 아이들의 지식을 단단하게 만들어 주고, 아이들의 창의력과 사고력을 키워 주어 우리 자녀들이 융합형 창의 사고뭉치로 성장할 수 있도록 좋은 책을 만들겠습니다.

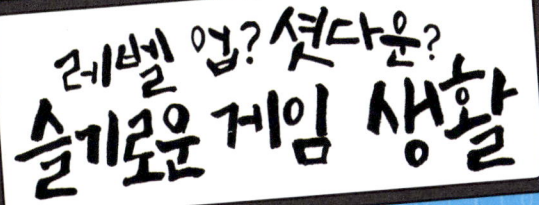

레벨 업? 셧다운?
슬기로운 게임 생활

벗어나요
게임 중독

글쓴이 **모비** 그린이 **황하석**

중독되지 않고 게임을 즐길 순 없을까?

PLAY

뭉치

펴내는 글

중독되지 않고 게임을 즐길 순 없을까?
프로 게이머가 될 거라면 게임을 많이 해도 될까?

선생님의 질문에 교실은 한순간 조용해집니다. 인내심이 한계에 다다른 선생님께서 콕 집어 누군가의 이름을 부르는 순간 나는 걸리지 않았다는 안도감에 금세 평온을 되찾지요. 많은 사람 앞에서 어떻게 말을 해야 하나 고민해 보지 않은 사람은 없을 겁니다. 사람들 앞에서 자신의 생각을 조리 있게 전달하는 기술은 국어 수업 시간에만 필요한 것이 아닙니다. 학교 교실뿐만 아니라 상급 학교 면접 자리 또는 성인이 된 후 회의에서도 자신의 의견을 분명히 표현할 수 있어야 합니다. 하지만 어디서부터 시작해야 할지 몰라 입을 떼는 일이 쉽지 않습니다. 혀끝에서 맴돌다 삼켜 버리는 일도 종종 있습니다. 얼떨결에 한마디 말을 하게 되더라도 뭔가 부족한 설명에 왠지 아쉬움이 들 때도 많습니다.

논리적 사고 과정과 순발력까지 필요로 하는 토론장에서 자신만의 목소리를 내려면 풍부한 배경지식은 기본입니다. 게다가 고학년으로 올라가서 배우는 수업과 진학 시험에서의 논술은 교과서 이상의 것을 요구합니다. 또한 상대의 의견을 받아들이거나 비판하기 위해서는 의견의 타당성을 검토하고 높은 수준의 가치 판단을 해야 하는 경우가 많은데, 자신의 입장을 분명히 하기 위해서는 풍부한 자료와 논거가 필요합니다.

토론왕 시리즈는 사회에서 일어나는 다양한 사건과 시사 상식 그리고 해마다 반복되는 화젯거리 등을 초등학교 수준에서 학습하고 자신의 말로 표현할 수 있도록 기획되었습니다. 체계적이고 널리 인정받은 여러 콘텐츠를 수집해 정리하였고, 전문 작가들이 학생들의 발달 상황에 맞게 스토리를 구성하였습니다. 개별적으로 만들어진 교과서에서는 접할 수 없는 구성으로 주제와 내용을 엮어 어린이 독자들이 과학적 사고뿐만 아니라 문제 해결력, 창의적 발상을 두루 경험할 수 있도록 하였습니다. 또한 폭넓은 정보를 서로 연결지어 설명함으로써 교과별로 조각나 있는 지식을 엮어 배경지식을 보다 탄탄하게 만들어 줍니다. 이러한 통합 교과형 구성은 국어를 기본으로 과학에서부터 역사, 지리, 사회, 예술에 이르기까지 상식과 사회에 대한 감각을 익히고 세상을 올바르게 바라보는 눈을 갖는 데 큰 도움이 될 것입니다.

『레벨 업? 셧다운? 슬기로운 게임 생활, 벗어나요 게임 중독』은 어떻게 하면 중독되지 않고 올바른 게임 습관을 기를 수 있을지를 고민하면서 만든 책입니다. 어린이를 대상으로 한 게임은 심의 규정에 따라 만들어지기 때문에 그 자체로는 문제가 되지 않지만, 깊이 빠지면 헤어나오기 힘들기 때문에 주의해야 합니다. 이 책에서는 게임을 좋아하는 어린이 친구들의 마음을 이해하면서도, 올바른 게임 습관을 기르려면 어떤 노력이 필요한지 실생활을 예로 들어 설명해 주고 있습니다. 특히 온라인 게임의 경우 자칫하면 성인용 게임까지 이어질 수 있으므로 조심해야 합니다. 일상에서 게임 자체에만 몰두하지 않고 어떻게 하면 즐겁고 재미있게 친구들과 지낼 수 있는지 그 방법을 고민해 보는 유익한 시간이 되길 바랍니다.

편집부

 # 차례

펴내는 글 · 4
사라진 게임기 · 8

 ## 1장 닉네임은 프로 게이머 · 11

오빠의 게임기

사라진 게임기

토론왕 되기! 어린이는 왜 게임을 좋아하고 잘 중독될까?

 ## 2장 게임 속으로 들어가다 · 35

지호의 위기

퀘스트를 받다

토론왕 되기! 게임의 장점과 단점은 무엇일까?

 ## 3장 나양이를 만나다 · 57

드디어 레벨 업

대왕 액체 괴물을 만나다!

토론왕 되기! 초등학생이 피시방에 가는 걸 금지해야 할까?

뭉치 토론 만화
게임 중독 탈출하기 · 79

4장 숨겨진 퀘스트 · 87

나앙이의 정체

마스터의 성으로 가다

토론왕 되기! 게임 중독은 병일까, 아닐까?

5장 마스터를 만나다 · 109

마스터의 진실

바이러스를 찾아라!

토론왕 되기! 게임 과몰입에 대한 여러분의 생각은?

어려운 용어를 파헤치자! · 129

게임 중독 관련 사이트 · 130

신나는 토론을 위한 맞춤 가이드 · 131

오빠의 게임기

    지난주 지호는 용돈을 모아서 중고 휴대용 게임기를 샀어요. 양손에 딱 들어오는 작은 게임기였지만 정말 행복했답니다.
    "엄마, 감사합니다!"
    "지호야, 성적 떨어지면 바로 압수야."
    지호가 하도 좋아하니까 엄마는 마지못해 허락해 주었어요. 하지만 눈에 불을 켜고 지호를 지켜보는 중이었지요.
    지호는 이제 초등학교 6학년이에요. 내년에는 중학생이 됩니다. 엄마는 게임을 많이 하면 눈도 나빠지고 성적도 떨어질 거라고 걱정했어요. 하지만 지호는 게임으로 스트레스를 풀면서 성적도 잘 유지했지요.

그래서 엄마 감시도 좀 느슨해졌답니다.

그런데 지호를 지켜보는 사람이 하나 더 있었어요. 지호 동생 지유였지요. 지유는 이제 초등학교 3학년이에요. 게임을 몇 번밖에 못 해서 지호의 게임기에 관심이 아주 많았어요.

"오빠, 나도 게임 한 판만. 응?"

지유는 지호 방에 와서 졸라 댔어요. 그것도 매일매일이요.

"어휴, 알았어. 잠깐만."

지호는 정말 딱 한 번만 게임을 하게 허락해 줬어요.

사실 지호와 엄마는 게임 시간을 정해 놓았어요. 학원에 다녀와서 1시간. 그런데 그 1시간을 지유와 나눠야 하니, 지호로서는 많이 아쉬운 일이었지요.

지유는 신나서 얼른 게임기를 받아 들었어요. 시작 버튼을 누르자 게임이 시작되었어요.

지호가 하는 게임 이름은 〈전설의 망치〉랍니다. 쉬운 것 같지만 어려웠어요. 지유는 게임을 하자마자 5초 만에 끝났어요. 게임기 화면에는 '게임 종료'라는 글자가 팔랑팔랑 날아다녔지요.

"헐, 너 게임 되게 못한다. 이리 내놔."

지호가 잘되었다는 듯 씨익 웃으면서 게임기를 빼앗아 갔어요.

지유는 분했지만 일단 오빠가 하는 것을 구경하기로 했어요. 보고 배울 수 있으니까요.

　게임기 안에서 야구 모자를 쓴 캐릭터가 커다란 망치를 들고 나타났어요. 전설의 망치였지요. 캐릭터 이름은 '프로 게이머'예요. 지호가 게임을 시작할 때 지은 닉네임이에요. 만약 지유였다면, 다른 이름을 했을 거예요. 'J.U.' 나 '천재쥬' 같은 닉네임으로요.

　'프로 게이머'가 망치를 들고 길을 따라 쭉 달렸어요. 게임기에는 십자 모양으로 위쪽, 아래쪽, 왼쪽, 오른쪽 방향 버튼이 있어요. 지호가 버튼을 누르는 대로 캐릭터가 위로 갔다가 옆으로 갔다가 움직였어요. 아까 지유가 할 때는 가만히 서 있기만 했는데, 어떻게 된 일이죠? 아마도 엉뚱한 버튼을 누르고 있었나 봐요.

"오빠, 괴물이다! 괴물이 나타났어!"

　지유가 흥분해서 외쳤어요. 보통 게임에서 싸우거나 없애야 하는 존재를 '몬스터Monster'라고 불러요. 게임을 진행하면 점점 더 힘이 센 '보스 몬스터'가 나타난답니다. 〈전설의 망치〉 몬스터는 액체 괴물이지요. 파란 액체 괴물은 표정부터 심술궂어 보였어요.

　사실 지유는 액체 괴물을 진짜로 좋아해요. 일주일에 한두 개씩 꼭 사요. 하지만 게임에 나타난 걸 봤을 때는 저절로 인상이 찌푸려졌어요. 액체 괴물이 무서운 표정을 지으며 프로 게이머 앞을 막았지요. 아까는 지유를 보자마자 슬라임을 마구마구 던졌어요. 지유는 그 자리에

굳어 버려서 게임이 순식간에 끝나 버린 거였어요.

"흐흐, 이쯤이야."

지호가 씨익 웃으면서 오른손 엄지손가락으로 세모 버튼을 마구 눌러 댔어요. 그러자 프로 게이머 망치가 점점 커지더니 사정없이 바닥을 내리치기 시작했어요.

쾅! 쾅!

망치에 눌린 액체 괴물은 순식간에 납작해졌어요. 그러더니 깃털이 되어 휙 날아갔답니다. 액체 괴물이 깃털로 되다니 신기했어요. 지유가 신나서 손뼉을 치면서 소리를 질렀어요.

지호가 점프 버튼을 길게 꾹 눌렀어요. 그러자 프로 게이머가 힘껏 뛰어올라 그 깃털을 확 잡았답니다.

띠링! 띠링!

게임기에서 동전 소리가 났어요. 프로 게이머 지갑으로 깃털이 쏙 들어갔어요. 지갑 모양 아이콘 옆에 있던 숫자가 0에서 100으로 바뀌었어요. 액체 괴물을 잡아서 돈을 번 거예요.

"액체 괴물을 잡으면 경험치와 사이버 머니를 받을 수 있어."

"그게 뭔데?"

"보상으로 받는 거야. 경험치가 쌓이면 레벨이 올라가고, 사이버 머니가 많아지면 아이템을 살 수 있지."

"그래? 이제 내가 해 볼래! 나도 돈을 벌 거야!"

지유가 게임기로 손을 뻗었어요. 이제야 게임의 규칙을 모두 이해했으니까요. 그런데 지호가 고개를 절레절레 저으며 말했어요.

"아까 한 판 했잖아. 그러니까 오늘은 끝이야."

지호는 아주 소중한 보물처럼 게임기를 물티슈로 슥슥 닦으면서 이렇게 덧붙였지요. 지유는 오빠가 정말 얄미웠어요.

"흥, 정말 치사하다! 치사해!"

게임 속 또 다른 나, 아바타

게임을 시작할 때 보통 닉네임을 만들어요. 닉네임은 인터넷 커뮤니티나 게임 등에서 쓰는 사용자 이름이에요. 실명을 쓸 수도 있어요. 하지만 자신을 표현할 수 있는 좋아하는 단어로 새롭게 만들기도 합니다. 닉네임으로 게임 기록을 남기거나 채팅도 하기 때문에 중요하거든요. 온라인 게임은 다른 사람과 함께 즐기는 경우가 많기에 닉네임을 지을 때 개인 정보가 드러나거나 다른 사람에게 혐오감을 주지 않도록 주의해야 해요.

닉네임뿐만 아니라 자신의 캐릭터를 직접 만들기도 한답니다. 게임에 따라서 성별, 피부색과 체형, 머리 스타일, 의상 등을 고를 수 있지요. 이렇게 완성된 캐릭터는 게임 안에서 또 다른 나입니다. 이를 '아바타'라고도 불러요. 게임 안에서 나의 아바타가 좋은 점수를 얻고 레벨이 올라가면 보람을 느낍니다. 하지만 게임에 너무 빠지면 실제 나와 게임 아바타를 똑같이 생각하기도 해요. 아바타에 너무 많은 감정을 느끼거나 집착하는 건 게임 중독 증상이니까 주의해야겠죠?

"너도 용돈 모아서 게임기를 사면 되잖아."

지유는 오빠가 너무한다고 생각했어요. 하나밖에 없는 여동생한테 게임기를 빌려주는 게 그렇게 아까운가. 지유는 씩씩대면서 속으로 결심했지요.

'오빠가 없는 사이에 내가 게임기를 빌려 가서 실컷 해야지!'

지유도 빌려 간다는 말이 좀 이상하다는 걸 알아요. 허락 받지 않고 다른 사람 물건을 가져오는 건 훔치는 행동이잖아요. 하지만 지유는 잠깐만 쓰고 돌려줄 거니까 괜찮다고 생각했답니다. 그리고 동생보다 게임기를 더 소중하게 여기는 오빠를 골려 주고 싶었어요.

사라진 게임기

지호 방 안은 엉망진창이었어요. 영어 학원에 늦어서 허겁지겁 옷을 갈아입고 간식을 먹느라 정신이 없었거든요. 지호는 게임기를 침대에 놓고 나갔어요.

지호가 나가는 소리가 들리자마자 지유는 후다닥 지호 방으로 들어왔어요.

지유는 옷이 쌓인 침대 위에서 게임기를 발견했어요.

"흐흐, 드디어 내 손에 들어왔다!"

지유는 게임기 전원 버튼을 눌렀어요. 그러자 망치를 든 게임 캐릭터가 지유를 향해 반갑게 손을 흔들었지요. 지유는 자신도 모르게 배시시 웃었어요. 이윽고 '프로 게이머'라는 닉네임이 딱 보였어요.

'프로 게이머가 뭔 말이야? 내가 할 거니까 내 닉네임을 써야지.'

지유는 순간적인 충동으로 오빠의 닉네임을 다 지우고 '게임 중독자'라고 다섯 글자를 썼어요. 방금 머릿속에 떠오른 단어였어요.

사실 지유는 중독이 무슨 뜻인지는 잘 몰랐어요. 무언가를 아주 많이 하면 '중독'된다는 말은 들어 본 적이 있지요. 지유는 이제부터 게임을 실컷 할 생각이니까 '게임 중독자'가 되고 싶었어요. 아직 지유는 몰랐죠. 그 닉네임이 지유의 '미래'가 될 줄은 말이에요.

지유는 자기 방으로 들어와 게임을 했어요. 기분이 좋아서 심장이 쿵쿵 뛰었답니다. 지유는 오빠가 하던

대로 세모 버튼 눌러 보았어요. 그러니까 전설의 망치가 막 커져서 액체 괴물을 잡을 수 있었답니다. 방향 버튼을 눌러서 나풀나풀 날아다니는 깃털을 잡으니까 지갑에 돈이 늘어났어요. 게임 중독자는 금방 부자가 될 것 같았답니다.

"히히, 진짜 재밌는데!"

지유는 이불 안에 쏙 들어가서 발가락을 꼼지락대며 게임을 했어요. 세상에서 이렇게 편하고 재미있는 시간이 없었어요. 게임에 흠뻑 빠져들었지요. 왜 진작 오빠 게임기를 가져오지 않았는지 후회가 될 정도였어요.

어느새 시간이 훌쩍 지나가서 저녁 먹을 시간이 다 되었어요.

"지유야, 밥 먹어. 얼른!"

한창 재미있는 순간에 엄마가 지유를 불렀어요. 지유의 귀에는 엄마 목소리가 들리지 않았지요. 액체 괴물을 잡으라 너무 바빴거든요. 사실 게임기 버튼을 얼마나 눌러 댔는지 손가락이 굳어서 아플 정도였어요.

지유가 대답이 없으니까 엄마 목소리는 점점 더 커졌어요. 그제야 지유는 엄마가 부르는 소리를 들었어요.

"휴, 먼저 먹지. 왜 자꾸 부르고 그래."

지유는 자신도 모르게 짜증이 났어요. 예전에는 배고프다고 먼저 가서 엄마가 무슨 반찬을 하는지 구경하고 도왔거든요. 하지만 오늘은 몇

번이나 엄마 말을 못 들은 척하다가 한숨을 푹 내쉬고는 베개 밑에 게임기를 숨기고 부엌으로 갔답니다.
 '대충 먹고 얼른 가서 게임해야지.'
 지유는 밥을 먹으려고 식탁에 앉았어요. 파란색 식탁보를 보니 액체 괴물이 생각났어요. 숟가락을 잡으니까 전설의 망치도 생각났고요. 소시지에 케첩을 뿌리는 엄마를 보니까 액체 괴물이 흘러내리는 것도 떠올랐어요. 자꾸만 게임 장면이 눈앞에 어른거렸어요.

"우리 딸, 밥을 왜 이렇게 빨리 먹지? 무슨 약속 있어?"

지유가 허겁지겁 밥을 먹으니까 엄마가 물었어요. 하지만 지유는 대답도 하지 않았어요. 입안에 밥과 반찬을 얼른 넣고 대충 씹어서 삼켰어요. 빨리 가서 게임을 하고 싶었거든요. 그러다가 지유는 켁켁거리면서 물을 마셨어요.

엄마가 걱정스러운 얼굴로 지유를 보았어요. 하지만 지유의 머릿속에는 오직 '게임'뿐이었답니다. 지유는 자리에서 일어나며 외쳤어요.

"나 오늘 일찍 잘 거야. 이제 부르지 마!"

지유가 오빠의 게임기를 가져간 지 아니, 빌린 지 삼 일이 지났어요. 이제 지유는 전설의 망치에 푹 빠졌어요.

지유는 부모님 몰래 밤을 새워서 게임을 했어요. 그래서 잠도 거의 못 잤답니다. 아침이 다 되어서야 겨우 자려고 눈을 감으면 망치를 든 게임 중독자가 뛰어다니는 게 보였어요. 매일 가지고 노는 액체 괴물도 시시해졌지요. 왜냐하면 게임에서 액체 괴물을 잡는 게 훨씬 재미있었거든요. 가만히 있어도 게임 음악 소리가 귓가에 들릴 정도였답니다.

띠링! 띠링!

액체 괴물을 잡아서 돈을 버는 소리만 들어도 뿌듯했어요.

"평생 게임만 하고 살았으면 좋겠다."

지유는 게임이 질리지 않았어요. 하면 할수록 더 하고 싶었어요. 그리고 게임이 더 짜릿하고 재밌게 느껴진 이유가 또 있었답니다.

"야, 강지유! 너 혹시 내 게임기 가져갔어?"

지호가 지유 방에 들어와서 큰 소리로 물었어요. 지유는 게임기를 얼른 감추고 태연하게 연기했어요. 게임기를 애타게 찾는 오빠를 볼 때마다 자꾸만 웃음이 나왔어요. 고소한 마음도 들었고요.

"아닌데? 나 요즘 바빠. 게임할 시간이 어딨어?"

"3학년이 뭐가 바쁜데? 진짜 안 가져갔어?"

지호는 지유 얼굴을 뚫어져라 보며 물었어요. 하마터면 지유는 눈빛이 흔들릴 뻔했지요.

"왜 만날 나한테 와서 그래. 자기가 실수로 잃어버렸으면서!"

지유는 머릿속에 떠오르는 대로 대꾸했어요. 지호는 지유 방 여기저기를 훑어보았어요. 마음 같아선 서랍도 열어 보고 침대 아래도 살펴보고 싶었어요. 하지만 함부로 동생을 의심하기 싫었답니다.

"혹시 게임기 보면 바로 말해 줘. 알았지?"

지호 말에 지유는 고개만 끄덕였어요. 더 이야기했다가는 들킬 것 같았거든요. 지호는 지유 방을 한번 둘러보더니 나갔어요.

이제 밤 9시가 겨우 지났을 뿐이지만 지유는 하품이 저절로 나왔어요. 어제도 게임을 하다가 새벽에 잤거든요. 지유는 침대에 기대 누웠어요. 자꾸만 두 눈이 따끔거렸답니다. 거울을 보니까 눈이 빨갰어요.

"게임해야 하는데 너무 피곤하네."

지유는 눈을 감았다 떴어요. 게임기를 찾아 손을 더듬거렸어요.

뽕! 뽕! 뽕!

그런데 어디선가 망치 소리가 났어요. 게임기가 켜져 있나 봤더니 화면은 깜깜했어요. 지유는 졸려서 잘못 들었다고 생각했지요. 그런데 또 어디선가 뿅! 하는 소리가 나는 거예요. 정말 이상했어요.

지유가 입이 찢어져라 하품하면서 다시 게임기를 보았어요. 그때 방문이 벌컥 열렸습니다.

"아빠가 케이크 사 오셨어. 너도 먹을래?"

지호가 외쳤어요.

깜짝 놀란 지유가 게임기를 든 채 그 자리에서 얼어붙었어요. 지호는 지유와 게임기를 번갈아 보더니 얼굴이 새빨개졌어요.

"강지유! 그거 내 게임기잖아!"

지호가 부들부들 떨리는 목소리로 말했어요. 지유는 당황해서 동그래진 두 눈을 굴리며 일어났어요. 사실은 며칠만 가지고 놀다가 게임기를 돌려줄 생각이었어요. 그런데 너무 재미있어서 돌려주기 싫었던 거예요.

"그거 당장 이리 내놔!"

지호는 화가 머리 꼭대기까지 났어요. 지유가 며칠 동안이나 자신을 속였다는 걸 생각하니 참을 수 없었어요. 지호는 성큼성큼 다가가서 지유 손에 들린 게임기를 빼앗았어요. 그런데 지유의 손이 미끄러지면서 게임기가 떨어졌어요.

탁!

게임기가 바닥에 세게 부딪치면서 뒷부분이 깨졌어요. 그 바람에 게

임기에 들어 있던 배터리가 튕겨 나갔답니다. 지유가 주뼛거리다가 배터리를 주웠어요. 지호 눈치를 살피면서 눈물을 글썽였어요.

그 순간 지호 손에 들린 게임기 화면이 켜졌어요. 그러더니 띠링! 띠링! 동전 소리가 났어요. 지호는 어리둥절한 표정으로 게임기를 들여다보았어요.

이윽고 게임기 화면에서 눈이 부시게 빛이 쏟아져 나왔어요.

"뭐, 뭐야? 무슨 일이지?"

지호가 당황해서 게임기를 살펴보았어요. 지유는 믿기지 않는다는 듯 손바닥에 있는 배터리를 보았어요. 배터리도 없이 어떻게 게임기가 켜졌는지 이해가 안 갔어요.

그런데 지호가 겁 먹은 얼굴로 지유를 향해 외쳤어요.

"네, 네 몸이 점점 사라지고 있어……!"

그건 지호도 마찬가지였어요. 눈부신 빛이 지유와 지호의 몸을 빙글빙글 감싸기 시작했어요.

"으아아아악!"

지유가 비명을 질렀어요. 둘은 순식간에 빛과 함께 사라졌어요.

어느새 지유 침대 위에는 게임기만 덩그러니 남았어요. 게임기는 언제 그랬냐는 듯 화면이 까맣게 꺼졌답니다.

나도 게임 중독일까?

중독은 무언가에 빠져서 일상생활을 제대로 하기 힘든 증상을 말해요. 흔히 인터넷 중독과 게임 중독을 함께 묶어서 이야기하기도 한답니다. WHO(World Health Organization, 세계 보건 기구)는 게임 중독을 병으로 정하기도 했어요.

게임 중독 확인 테스트
9개 항목 중 5개 이상 해당일 경우 위험

(자료: WHO)

- 자꾸만 게임이 하고 싶다.
- 게임을 적당히 하고 멈추는 게 어렵다.
- 게임을 못 하면 자꾸 게임이 생각난다(게임을 안 해도 화면이 눈에 어른거리거나 게임 음악이 들리기도 한다).
- 게임을 하는 시간이 점점 늘어난다.
- 게임을 시작하면서 예전에 하던 취미 활동이 재미없어졌다.
- 게임에 빠지는 걸 알면서도 더 게임을 하게 된다.
- 부모님이나 선생님에게 내가 얼마나 게임을 했는지 거짓말한 적이 있다.
- 우울하거나 무기력한 기분이 들 때 게임을 하면 나아진다.
- 게임 때문에 친구나 가족과 멀어지고, 학교 성적이 떨어지거나 지각을 한 적이 있다.

게임 중독의 문제점

가상과 현실의 구분이 힘들어짐

현실과 가상을 혼돈하여 게임에서 하던 폭력적인 행동을 현실에서도 한다.

충동적 행동

평소에 하지 않던 충동적 행동을 하거나 작은 일에도 화를 내고 참지 못한다.

사회 부적응

게임만 하느라 주변 사람들과 멀어지고 새로운 친구를 사귀는 게 어려워진다.

우울증 유발

나의 게임 캐릭터가 발전해도 현실은 달라지지 않으므로 허무함을 느끼거나 우울해 한다.

신체적 악영향

오랜 시간 같은 자세로 게임을 하기 때문에 허리나 손목에 무리가 가고 시력이 떨어지는 등 건강에 문제가 생긴다.

금단 현상

게임을 하지 못할 때 불안하고 초조하며 환상이 보이고 모든 일에 의욕이 저하되는 등의 현상이 발생할 수 있다.

가족과의 대화 단절

한집에 있어도 가족과 함께 밥을 먹거나 대화를 나누지 않게 된다. 어른의 경우 가정 폭력 문제로 번질 수 있다.

학습 장애

모든 관심이 게임에 쏠려 공부를 하지 않게 되거나 등교 거부 같은 문제가 발생할 수 있다.

불평등적 성 역할 강화

성의 상품화 같은 게임 내 성차별 요소들을 자신도 의식하지 못한 상태에서 학습할 수 있다.

토론왕 되기!

어린이는 왜 게임을 좋아하고 잘 중독될까?

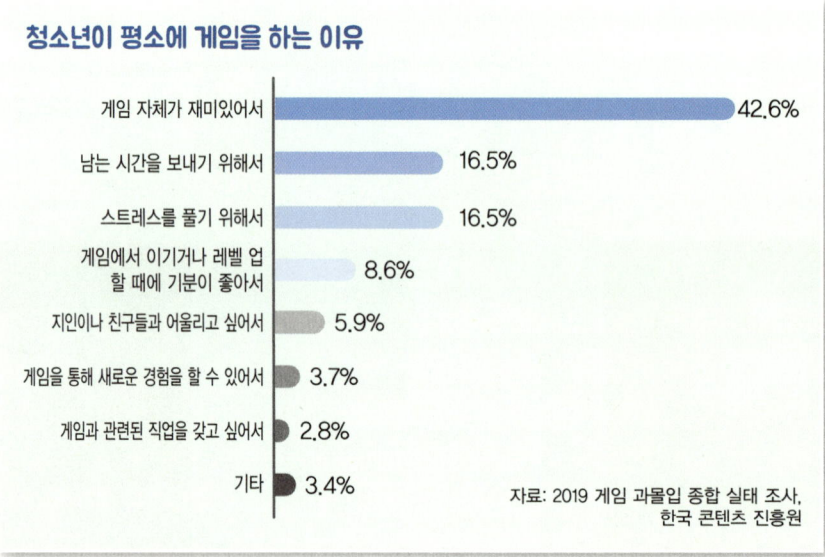

청소년이 평소에 게임을 하는 이유
- 게임 자체가 재미있어서 42.6%
- 남는 시간을 보내기 위해서 16.5%
- 스트레스를 풀기 위해서 16.5%
- 게임에서 이기거나 레벨 업 할 때에 기분이 좋아서 8.6%
- 지인이나 친구들과 어울리고 싶어서 5.9%
- 게임을 통해 새로운 경험을 할 수 있어서 3.7%
- 게임과 관련된 직업을 갖고 싶어서 2.8%
- 기타 3.4%

자료: 2019 게임 과몰입 종합 실태 조사, 한국 콘텐츠 진흥원

어린이와 청소년들이 평소에 게임을 하는 가장 큰 이유는 게임 자체가 재미있기 때문이에요. 남는 시간을 보내기 위해서나 스트레스를 풀기 위해 게임을 한다는 친구들도 많았어요. 대부분의 어린이는 남는 시간에 친구와 함께 놀거나 책을 읽는 등 여러 취미 활동을 해요. 하지만 요즘은 게임으로 시간을 보내는 어린이가 점점 늘어나고 있는 상황이에요.

게임을 하다 보면 스트레스가 풀리고 좋은 점수를 얻으면 기분이 좋아진다는 이유도 있어요. 함께 어울리는 친구들이 게임을 한다면, 자연스럽게 따라서 하게 되는 경우도 있지요. 다른 친구들과 함께 놀기 위해 게임을 시작하게 되는 것이에요. 게임 속 세상으로 들어가 이런저런 모험을 하면서 새로운 경험을 쌓는다는 어린이도 있었어요. 게임 안에서는 신나
는 이야기와 다양한 자연환경, 아직 가 보지 못한 나라나 미래 세상을 만날 수 있어요. 그러다 보니 게임을 하면서 마치 그곳에 있는 듯한 감정을 느끼게 되는 것이지요. 또한 장래 희망으로 게임에 관련된 직업을 꿈꾸기 때문에 게임을 한다는 의견도 있었답니다.

어린이가 게임을 좋아하는 이유는 이렇게 다양해요. 그런데 어른에 비해 어린이가 게임에 더 잘 중독된다는 연구 결과에 주목할 필요가 있어요. 어린이는 어른들이 정해 주는 대로 생활하는 경우가 많아요. 그래서 남는 시간에 하는 게임이 더 달콤하게 느껴지지요. 아직 어린이는 어른에 비해 절제심이 약한 편이라 게임 시간을 스스로 조절하는 게 어려워요. 그래서 쉽게 게임에 중독된답니다. 자꾸 게임에 집착하거나 중독되는 건 아닌지 스스로 잘 챙겨 보는 습관을 가지도록 해야 해요.

여러분은 하루 몇 시간 동안 게임을 즐기나요? 부모님과 약속한 게임 시간을 잘 지키고 있나요? 게임 생각만 나서 다른 일을 못 했던 적은 없나요? 스스로 게임 중독에 빠지지는 않았는지 점검하는 시간을 가져 보세요.

퀴즈 팡팡

게임 중독 증상이 가장 심한 순서대로 나열해 보세요.

승윤: 게임 레벨이 오를 때마다 기분이 너무 좋다.

한빈: 화장실에 가는 것도 참고 게임할 때가 많다.

재후: 부모님과 정한 게임 시간보다 1시간 더 한다.

아름: 밤새 게임을 해서 학교에 가면 자꾸 졸리고 기운이 없다.

정답: 아름 > 한빈 > 재후 > 승윤
게임 중독에 빠지면 일상 생활에 방해가 될 만큼 게임하고 싶은 욕구를 참기 어려워요.

지호의 위기

지호가 눈을 뜨니 사방이 어두컴컴했어요.
"여기가 어디지?"
지호는 두리번대면서 겨우 몸을 일으켰지요. 조금 있으니까 어둠에 익숙해지면서 이것저것 눈에 보이기 시작했어요.
여기는 작은 골목길이었어요. 바닥에는 신문지가 굴러다니고 있었어요. 가로등은 깨져 있었고, 어디선가 으스스한 바람이 불어왔답니다. 처음 와 본 곳 같은데 이상하게 익숙한 기분이 드는 건 왜일까요? 지호의 두 팔에 소름이 오소소 돋았어요. 그때 지호의 머릿속을 스치고 지나간 게 있었어요.

"설마 여기…… 〈전설의 망치〉 게임 속인가?"

지호가 서 있는 골목은 게임 캐릭터 프로 게이머가 신나게 달리던 골목과 꼭 닮았거든요.

여기가 정말로 게임 안일까요? 꿈을 꾸는 게 아닐까요? 지호는 신기한 듯 주변을 둘러보았어요. 그런데 꿈이라고 하기엔 모든 게 너무 생생했어요. 두 뺨에 와 닿는 바람이 느껴지고, 바닥에 떨어진 돌멩이를 발로 툭 차는 느낌도 진짜 같았어요.

철퍼덕 철퍼덕.

멀리서 누군가 다가오는 소리가 들렸어요. 지유인가 싶어서 지호는 반가운 마음이 들었어요. 그래서 손을 들려는 순간이었어요. 지호 손에 자그마한 망치가 잡혔답니다. 지호는 당황해서 망치를 내려다보았지요.

"서, 설마…… 이건 전설의 망치?"

하긴, 여기가 〈전설의 망치〉 게임이라면 망치가 빠질 리가 없지요. 지호는 들뜬 마음으로 망치를 살펴보았어요. 게임을 처음 시작할 때 주어지는 고무 망치였어요. 손잡이와 머리 부분이 말랑말랑했답니다.

"이런 초기 장비로 뭘 하라고!"

그 사이에 멀리서 달려오던 그림자가 선명해졌어요. 지유가 아니었어요. 파란 액체 괴물이었답니다. 슬라임을 줄줄 흘리면서 지호를 향해 달려들었어요.

지호는 꿈속에서 액체 괴물을 잡게 될 줄은 몰랐어요. 하지만 게임에서 쉽게 잡았던 괴물이었어요. 게임기 세모 버튼을 꾹 누르면 망치가 저절로 커져서 움직였거든요.

"어쩌지? 어쩌면 좋아?"

여기에는 조작 버튼이 없어요. 지호는 망치를 세게 움켜쥐었어요.

액체 괴물이 크게 웃으며 입을 쩍 벌렸어요. 지호는 겁이 났어요. 게임에서 액체 괴물은 아무리 커 봤자 손톱보다 작았거든요. 심지어 게임기 세모 버튼보다 작았어요.

그런데 지금 저 괴물은 지호보다 두 배는 더 커 보였어요. 아주 뚱뚱했고요. 지호 정도는 한 방에 깔아뭉갤 수 있을 것 같았지요.

"으악! 저리 가!"

지호는 망치를 든 채로 뒤돌아 도망쳤어요. 어느새 괴물은 하나가 아니라 둘, 셋이 되어서 지호를 쫓아왔어요. 흥분한 괴물들이 침을 튀기자 골목이 슬라임으로 범벅이 되었답니다.

"이건 꿈이 아니라 진짜 같아."

지호는 예전에 부모님과 방송국에 현장 체험 학습을 갔던 게 떠올랐어요. 거기서 지유와 VR(가상 현실) 게임 체험을 했었는데, 그때와 아주 똑같았어요. 모든 게 바로 눈앞에 있는 것처럼 아주 생생했어요. 심지어 저 괴물한테 금방이라도 잡아먹힐 것 같았지요.

지호는 심장이 가슴 밖으로 튀어나올 것처럼 마구마구 뛰었어요.

"누구 없어요? 저 좀 살려 주세요!"

지호는 발바닥에 땀이 뻘뻘 나도록 달렸어요. 그런데 막다른 골목이에요. 지호 얼굴은 도화지처럼 하얗게 질렸어요.

"크크크!"

등 뒤에서 액체 괴물들이 웃는 소리가 크게 들렸어요.

'꿈이라면 얼른 깨야 해.'

지호는 얼른 뺨을 꼬집었어요. 그런데 잠이 깨지 않았어요. 오히려

꼬집은 뺨이 얼얼해서 놀랐답니다. 아주 깊은 잠에 빠져서 깨지 않는 건가 싶었어요.

지호는 하는 수 없이 망치를 들고 휙 돌아섰어요.

"내, 내가 혼내 줄 거야!"

지호가 벌벌 떨면서 자기를 둘러싼 액체 괴물들에게 외쳤어요.

괴물들이 입을 쩍 벌리자 뾰족뾰족하고 날카로운 이빨이 보였어요. 온몸에서 줄줄 흘러내리는 슬라임에서는 고약한 냄새가 났고요. 지호는 온몸이 부들부들 떨렸어요. 꿈이라고 해도 괴물한테 잡아먹히기 무서웠던 지호는 두 눈을 꾹 감아 버렸어요.

"우리 오빠한테서 떨어져!"

그때 어디선가 지유 목소리가 들렸어요. 지유가 고무 망치를 빙빙 돌리면서 나타나 액체 괴물을 향해 망치를 휘둘렀어요. 그러자 괴물은 움찔하며 물러섰답니다.

괴물의 끈적끈적한 엉덩이에 지유의 망치가 닿자 뽕! 하는 소리가 났어요. 괴물은 순식간에 깃털로 변해서 훌훌 날아다녔지요.

"휴, 하마터면 정말 잡아먹히는 줄 알았어."

지호가 숨을 몰아쉬면서 중얼거렸어요. 괴물 때문에 무서웠는데 지유를 만나니 반갑고 든든했어요.

"오빠, 저걸 잡아!"

지유가 깃털을 가리키며 외쳤어요. 아까부터 액체 괴물에서 나온 깃털이 아이들 머리 위를 살랑살랑 날아다니고 있었어요. 지호는 폴짝폴

짝 뛰면서 깃털을 잡으려고 애썼어요.

그런데 깃털은 바람을 타고 골목 바깥으로 휙 날아가 버렸답니다. 지유는 재빨리 깃털을 쫓아 달리기 시작했어요.

"지유야, 같이 가!"

그 뒤를 지호가 따라갔어요.

"오빠, 아까 그 액체 괴물 무섭지 않았어?"

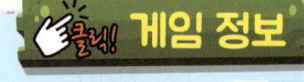

VR이란?

VR은 'Virtual Reality'의 줄임말로, 가상 현실이라고 해요. 실제 공간이 아니라 컴퓨터 그래픽으로 만든 가상의 공간이지요. VR을 체험하려면 물안경처럼 생긴 헤드 마운티드 디스플레이(HMD)라는 기구를 머리에 써야 해요. HMD에는 마이크와 스피커가 있어요. 그리고 가상 현실을 볼 수 있는 화면도 달려 있답니다. 그래서 VR 게임을 하면, 정말로 게임 안에 들어온 기분이 들어요. 하늘을 훨훨 나는 것 같고, 무서운 몬스터를 만나서 싸울 땐 스릴이 넘친답니다. VR은 게임뿐만 아니라 군대에서 비행기 조종 훈련을 하거나 병원에서 수술 연습을 할 때도 쓰여요.

지유가 고개를 돌려서 묻자, 지호는 고개를 끄덕이며 대답했어요.

"그러게. 〈전설의 망치〉는 전체 이용가인데 무서웠어."

지호의 말처럼, 이 게임은 '전체 이용가'예요. 어린이를 포함해서 누구나 사용할 수 있는 게임이에요. 하지만 자기 키보다 훨씬 큰 액체 괴물들이 나타나자 '15세 이용가'가 된 것 같은 기분이 들었답니다.

 퀘스트를 받다

하얀 깃털은 마치 지호와 지유를 어딘가로 데려가려는 것 같았어요. 어느새 하늘은 맑게 개었어요. 골목이 끝나면서 푸른 들판이 펼쳐졌답니다.

지호는 숨이 차서 헉헉댔어요. 하지만 지유는 지친 기색 하나 없이 앞장서서 오빠를 재촉했어요.

한참을 달리자 사방에서 민들레 홀씨가 날아와 깃털 주변을 맴돌았어요. 그리고 다 함께 하얀 나비 모양으로 나풀나풀 춤을 추었답니다.

지호와 지유는 감탄하면서 커다랗고 하얀 나비를 올려다보았어요. 멀리서 햇빛이 따사롭게 비추자 나비가 반짝하고 빛났어요.

"오빠, 진짜 아름다워!"

지유가 외치자 지호도 두 눈을 비비며 고개를 끄덕였어요. 손을 뻗으면 나비 날개에 닿을 것만 같았어요.

잠시 후, 나비는 점점 희미하게 빛을 잃었어요. 그리고 편지 봉투 하나를 남기고 사라지고 말았지요. 지유는 아쉬운 얼굴로 나비가 있던 허공을 보았어요.

지호가 바닥에 떨어진 편지 봉투를 열자 작은 쪽지가 나왔어요. 지유와 지호는 목소리를 가다듬고서 또박또박 함께 읽었어요.

퀘스트 1
대왕 액체 괴물을 잡아라!
⭐ 보상 현실 세계 귀환 티켓

지유는 쪽지의 글을 아무리 읽고 또 읽어도 이해가 안 갔어요. 지호도 고개를 갸웃했지요.

"대왕 액체 괴물?"

"그냥 액체 괴물보다 더 크고 무서운 녀석이 있나 봐."

지호의 말에 지유는 무슨 생각에 잠기는 듯했어요. 그러다가 무심코 쪽지의 뒷면을 넘겨 보았지요. 지호와 지유의 두 눈이 튀어나올 것처럼 커졌어요.

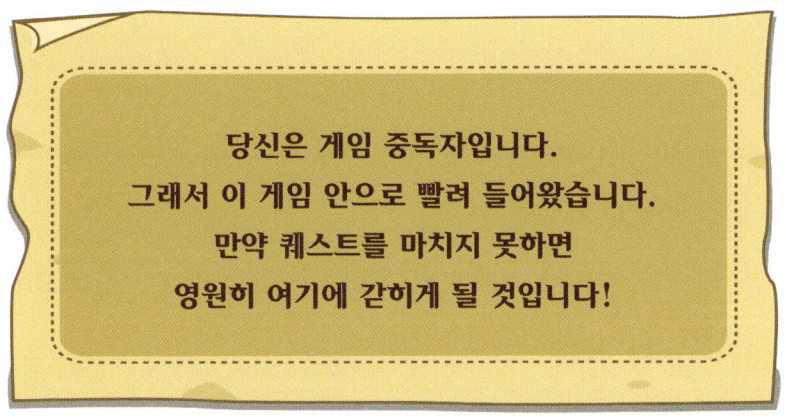

당신은 게임 중독자입니다.
그래서 이 게임 안으로 빨려 들어왔습니다.
만약 퀘스트를 마치지 못하면
영원히 여기에 갇히게 될 것입니다!

지유는 머리카락이 주뼛 서는 것 같았어요. 게임 안에 갇히다니! 소름이 돋았답니다.

"우리 지금 꿈을 꾸는 게 아니었어?"

지호가 중얼거리자, 지유가 고개를 끄덕이며 덧붙였어요.

"맞아. 잠에서 깨면 내 방 침대에 누워 있을 거야."

지호는 믿고 싶지 않다는 듯 이번에는 팔을 꼬집어 보았어요. 지유도 손을 들어 지호의 반대쪽 팔을 얼른 꼬집었지요. 얼른 꿈이라는 걸 확인하고 싶었거든요.

"아얏! 뭐야, 꿈인지 아닌지 시험하고 싶으면 네 몸을 꼬집어!"

지호는 아파서 눈물이 핑 돌았어요. 아픈 팔을 비비며 지유에게 소리쳤어요. 그 모습에 지유는 피식 웃고 말았지요. 하지만 이내 심각해졌어요. 꼬집어서 아프다는 건 여기가 꿈이 아니라는 뜻이잖아요.

"뭐야, 꿈이 아니면 여기가 어디야? 우리가 정말 게임 안에라도 들어온 거야?"

지호가 눈을 비비면서 주변을 둘러보았어요. 그제야 지호는 바로 전에 무슨 일이 있었는지 떠올렸어요.

지호는 지유의 방에서 사라졌던 게임기를 찾았어요. 그 때문에 화가 아주 많이 나서 따지려는 참이었지요.

"지유 네가 내 게임기를 망가뜨렸잖아. 그다음에 저절로 게임기가 켜졌어. 배터리도 없이!"

지호 말에 지유는 얼굴이 빨개졌어요. 오빠에게 딱 걸려서 혼나려는 참이었으니까요. 지호는 다시 한 번 퀘스트를 읽어 보았어요. '게임 중독자'라서 게임에 들어왔다는 글이 선명하게 적혀 있었어요.

"그런데 우리는 게임 중독자가 아니잖아. 무슨 오해가 있나 봐."

어리둥절한 지호와 다르게 지유는 찔리는 구석이 있었어요.

"엄마랑 게임을 하루에 1시간만 하기로 약속했어. 그래서 꼬박꼬박 지켰는데 억울해."

지호가 투덜거리자 지유는 더욱 양심에 찔렸어요.

'설마 내가 게임 중독자야? 그래서 여기로 온 거야?'

지유는 머릿속이 엉킨 실타래처럼 복잡해졌어요.

"오빠, 게임 중독이 뭔데?"

"게임 중독? 게임을 너무 많이 해서 몸과 마음의 건강을 해치는 걸 말하는 거야."

지호의 대답에 지유는 얼굴이 더욱 빨갛게 달아올랐어요. 지유가 게임에 푹 빠진 건 맞았어요. 밥도 제대로 안 먹고, 잠도 안 자고 게임만 했거든요. 그때는 몰랐는데 아주 심각했던 거예요.

'나 때문이었어. 내가 게임 중독이라서 이곳에 오게 된 거야. 어쩌면 여기에 영영 갇히게 될지도 몰라.'

지유는 갑자기 겁이 덜컥 났어요. 입술을 잘근잘근 깨물었어요.

"쿠오오오!"

멀리서 액체 괴물이 울부짖는 소리가 들렸어요. 지호는 가만히 귀를 기울여 보았어요.

나무가 빽빽한 숲 안에서 액체 괴물들이 쑥덕쑥덕하는 소리가 났어

요. 저 안에 액체 괴물이 잔뜩 모여 있는 듯했어요.

"오빠, 여기 이상한 게 있어."

지유가 무언가를 가리켰어요. 커다란 웅덩이였지요. 지호가 바닥에 떨어진 나뭇가지로 웅덩이를 찔러 보았어요. 그러자 끈적끈적한 슬라임이 길게 늘어졌답니다.

"액체 괴물이 침을 흘린 거야. 그런데 너무 크지 않아?"

지호가 눈을 반짝이며 대꾸했어요. 웅덩이는 숲 안쪽으로 뚝뚝 떨어져 있었어요. 어떤 웅덩이는 지호의 덩치보다 컸답니다.

"혹시 대왕 액체 괴물이 흘린 건가?"

지유가 곰곰이 생각해 보다가 중얼거리자 지호가 힘차게 고개를 끄덕였어요.

"쿠오오오오!"

숲속으로 들어갈수록 액체 괴물이 울부짖는 소리는 더욱 크게 들렸어요. 얼마나 우렁찬지 지호와 지유의 몸이 다 울리는 것 같았어요.

"이렇게 큰 소리라면 대왕 액체 괴물이 내는 소리일 거야!"

지호는 숲을 노려보며 망치를 꽉 쥐었어요.

지유도 고개를 끄덕였어요. 지유가 게임 중독자라서 여기에 들어왔다면, 퀘스트도 지유 힘으로 꼭 풀어 보고 싶었어요.

"얼른 가서 대왕 액체 괴물을 잡자."

지유가 웅덩이를 따라서 힘차게 달렸어요. 지호도 그 뒤를 따라갔답니다.

게임 등급제

모든 게임은 배포되기 전에 '게임물 관리 위원회'로부터 등급을 받아야 해요. 여기에는 컴퓨터, 모바일, 비디오 게임 모두 속해요.

등급을 나누는 기준에는 선정성, 폭력성과 공포, 범죄와 약물, 비속어, 사행성(사행성 게임은 일반 온라인 게임을 도박이나 경마, 복권 등의 형태로 바꿔서 이용자에게 큰 피해를 준답니다.) 등이 있으며, 어린이에게 나쁜 영향을 끼칠 만한 것들이 있는지 세세히 살피도록 되어 있어요.

등급 표시

게임물 내용 정보

(자료: 게임물 관리 위원회)

게임 중독의 핵심 증상

집착
게임이 삶에서 매우 중요한 위치를 차지하게 됩니다. 게임만 생각하고, 느끼고, 게임을 계속하기 위해 노력합니다. 게임을 하지 않을 때에도 항상 다음번에는 그 게임을 어찌할까 고민하고 있습니다.

기분의 변화
현실이 지루하거나 기분이 좋지 않을 때마다 게임을 찾게 됩니다. 뿐만 아니라 학교 생활이나 친구 사이에 문제가 생기면 해결 대신 회피를 위해 게임을 하게 됩니다.

내성
게임할 때의 즐거운 감정을 다시 느끼기 위해서 게임 시간이 점점 늘어나게 됩니다.

소모적 행동
게임을 하기 위해 더 많은 시간과 에너지, 돈을 쓰게 됩니다.

갈등
게임 때문에 주위의 사람들, 학교생활, 일상생활에 문제가 생기고 갈등이 일어나게 됩니다.

조절의 실패
게임 중독을 인식하고 조절해 보려고 노력하지만 번번이 실패하고 점차 자포자기하게 됩니다.

부정
주변에서 나의 게임 습관에 대해 지적을 받을 경우 별일 아니라고 생각하거나 거짓말을 하는 등 상대와 나 자신을 속이기도 합니다.

금단
게임을 하지 않거나 갑자기 게임을 줄이게 되면 불쾌감이나 불안감, 짜증, 초조 등을 느끼게 됩니다.

(자료: (사)한국 교육 문화원)

토론왕 되기!

게임의 장점과 단점은 무엇일까?

게임을 많이 하면 머리가 좋아질까요, 나빠질까요?

게임 중에는 공부에 도움이 되는 교육용 게임도 있어요. 그런 게임을 하면 학습 효과가 있어 관련 교과 공부에 도움이 되지요. 하지만 오로지 재미를 위해서 만든 게임이 훨씬 더 많아요. 많은 어린이는 교육용 게임보다는 이런 놀이용 게임을 더 좋아한다는 게 문제죠. 그렇다면 놀이용 게임을 많이 하면 머리가 나빠질까요? 아직 그렇다는 연구 결과는 없어요. 하지만 공부를 하지 않거나 다른 취미 활동도 없이 오로지 게임만 한다면, 게임 중독에 걸릴 수밖에 없지요.

게임을 하면 좋은 점도 있을까요? 만약 있다면 어떤 것이 있을까요?

우선 게임을 하면 재미를 느끼면서 즐거운 감정이 들어요. 그러면서 게임이라는 놀이에 적극적으로 참여하게 되지요. 또한 게임의 규칙을 배우면서 순서에 맞게 계획적으로 게임을 즐길 수 있어요. 다른 이용자와 함께 게임을 하고 대화를 하며 즐길 수 있다는 것도 장점이에요. 게임에서 함께 모여서 활동하는 모임인 '길드'에 가입할 수도 있어요.

주어진 퀘스트를 풀고 보상을 얻으면서 만족감을 얻을 수도 있어요. 물론 어려운 퀘스트를 받거나 다른 이용자와 경쟁하면서 스트레스를 받을 수도 있지만 이를 극복하면 더 큰 재미와 뿌듯함을 느끼지요.

그렇다면 게임을 하면 나쁜 점은 무엇일까요? 바로 게임 중독이에요.

게임 중독이 되면 몸과 마음의 건강을 해치더라도 게임만 하고 싶어져요. 가족과 대화하거나 친구와 만나서 노는 것보다 혼자 방에서 게임만 하려고 하지요.

밤을 새서 게임만 하거나 심지어는 돈을 훔쳐서 아이템을 사는 경우도 생겨요. 또한 자신의 나이와 맞지 않는 게임을 하면 폭력성과 선정성에 노출돼요. 그러다 보면 나쁜 영향을 받거나 게임에 더 잘 중독될 수 있답니다.

이렇게 적당한 게임 활동은 학업에 지친 어린이에게 즐거움과 스트레스 해소가 될 수 있고 친구들과 대화의 소재로 활용될 수있어요. 또한 어려운 문제를 풀어 나가면서 자신감도 생기고 인내심도 기를 수 있지요. 하지만 지나치게 되면 게임 중독으로 이어져 몸과 마음의 건강을 해칠 수 있답니다.

게임을 했을 때 얻는 장점과 단점을 정확하게 알고 스스로 조절하거나, 안 되면 부모님이나 주변에 도움을 요청하는 게 좋아요.

현재 여러분은 어느 정도 게임을 즐기고 있나요? 약속한 시간보다 게임을 더 하고 싶은 마음이 들 때 어떤 방법으로 자제하나요?

건강한 게임 OX 퀴즈

게임 중독 핵심 증상으로 맞는 것은 O,
틀린 것은 X로 표시해 주세요.

❶ 계속 게임만 생각하고, 느끼게 된다. 게임을 하지 않을 때도 다음번에 그 게임을 어떻게 할지만 생각한다.

❷ 게임을 하지 않거나 갑자기 줄이게 되면 불쾌감이나 불안감, 짜증, 초조, 안절부절 등의 증상이 생긴다.

❸ 주위 사람들, 학교생활, 일상생활에 크게 문제가 생기지 않는다.

❹ 게임 때문에 주변에서 지적을 하면 자기 문제를 바로 인식한다.

재미있는 게임을 적당히 한다면, 스트레스도 풀리고, 공부도 더 잘할 수 있어요!

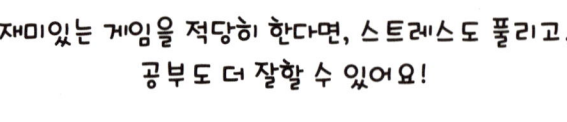

정답: ❶O, ❷O, ❸X, ❹X

드디어 레벨 업!

숲은 푸릇푸릇한 나무들로 우거져 있었어요. 어디선가 개울물이 졸졸 흐르는 소리도 났답니다.

지유는 상쾌한 기분에 기지개를 쭉 폈어요. 그동안 게임에 빠져 있느라 바깥에서 놀지도 못했거든요. 방과 후에 친구들과 만나지도 않았어요. 저녁에 엄마와 공원에 나가서 줄넘기하는 것도 깜빡했고요. 주말에는 아빠와 책 읽는 시간도 게임을 하느라 못 지켰어요. 게임 때문에 잊었던 즐거운 시간들이 떠올랐어요. 그런데 그걸 게임 안에서 깨닫다니 묘한 기분이 들었어요.

"오빠, 여기에 또 있다!"

지유는 웅덩이를 발견할 때마다 신나서 폴짝폴짝 뛰었어요. 망치로 액체 괴물이 흘린 슬라임 웅덩이를 탁 치자 슬라임이 사라지면서 띠링! 띠링! 소리가 났어요. 액체 괴물을 잡을 때처럼 경험치와 사이버 머니를 받을 수 있다는 사실을 발견한 거예요.

"저기 또 있다! 이것도 내가 할래."

지유가 얼른 달려가서 망치로 웅덩이를 쳤어요. 그러자 동전 소리가 나더니 이어서 팡파레가 울리며 폭죽이 터졌어요.

〈레벨 2가 되었습니다!〉라는 문구가 하늘 위에 새겨졌다가 사라졌답니다.

"헉, 우리 레벨이 올랐나 봐!"

지호가 활짝 웃으며 외치는데 하늘에 이런 문구가 보였어요.

> '고무 망치'에서 '번개 망치'로 업그레이드를 하시겠습니까?
> (네)   (아니오)

지호와 지유는 당연히 "네!" 하고 동시에 외쳤지요. 그러자 목소리에 대답하듯 들고 있던 망치가 번쩍이면서 바뀌었어요. 지호와 지유는 깜짝 놀랐어요. 망치 손잡이를 꽉 쥐면 전기가 흐르는 것처럼 번쩍번쩍

빛났거든요.

이제 지호와 지유는 레벨 2가 되었어요. 망치도 더 멋지고 강한 것으로 바뀌었고요. 대왕 액체 괴물을 쓰러뜨리고 현실로 돌아가는 것도 어렵지 않아 보였어요.

지유는 새로 바뀐 망치를 들고 돌아다니는 액체 괴물을 신나게 잡았어요.

'지유가 게임을 이렇게 잘했나?'

지호는 게임을 잘하는 지유를 보고 놀랐어요. 지호가 알던 지유는 게임을 잘 못했거든요. 게임의 규칙도 잘 몰랐고요. 그런데 언제 이렇게 실력이 늘었는지 이상했어요.

'설마 지유가 게임 중독?'

지호가 이렇게 생각하는 동안 지유는 흥분해서 망치를 들고 뛰어다녔어요.

"좋았어! 이러다가 금방 레벨 오르겠어!"

지유가 좋아서 소리를 질렀어요. 그 모습을 지켜보던 지호가 진지하게 물었답니다.

"혹시 지유야, 네가 게임 중독자야? 너 때문에 우리가 여기 들어온 거야?"

하지만 지유는 못 들은 척 대꾸했어요.

"오빠, 뭐라고? 잘 안 들려!"

그러더니 지유는 망치를 흔들며 숲 깊숙이 들어갔어요. 지호는 한숨을 쉬면서 얼른 그 뒤를 따라 뛰었답니다.

지유와 지호는 계속해서 웅덩이를 따라갔어요. 그때마다 어디선가 작은 액체 괴물들이 튀어나왔어요. 지유는 신나서 액체 괴물을 잡았어요. 지호는 팔짱을 낀 채 그 모습을 지켜보기만 했고요.

"지유야, 잠깐 멈춰 봐."

"아, 왜! 한창 재미있는데!"

 게임 정보

경험치와 레벨 업

내 캐릭터가 게임 내에서 열심히 활동을 하면 보상을 받아요. 그중 하나가 바로 경험치예요. 경험치가 쌓이다 보면 레벨이 오르게 되는데 이렇게 레벨 업을 하면 능력치도 높아지고 새로운 기술을 배우기도 한답니다. 화면 속에서 성장해 가는 캐릭터를 보고 있으면 기분도 좋고 성취감에 마음이 뿌듯해져요.

하지만 이러한 감정은 게임 밖 현실에서도 쉽게 느낄 수 있답니다. 게임처럼 수치로 표시되지는 않지만 현실에서도 우리는 모든 분야에서 새로운 것을 배우고 익히며 경험치를 쌓고 있어요. 작년의 내가 못했던 것을 지금의 나는 할 수 있듯이 우리도 매일 레벨 업을 해 나가고 있다고 생각하면 뭔가 즐겁지 않나요? 게임 속의 캐릭터를 어떻게 키우는가도 중요하지만 현실의 나를 어떻게 성장시킬지도 중요하답니다.

지유는 게임에 흠뻑 빠졌어요. 마치 밤새 게임기를 가지고 노는 것처럼 말이에요.

지호가 다가가서 지유의 망치를 빼앗았어요. 그러자 지유는 짜증을 확 냈어요. 하지만 지호는 물러서지 않았어요. 진지한 표정으로 지유를 뚫어져라 쳐다봤어요.

"너 내 게임기로 계속 게임했지? 이건 완전히 게임 중독이잖아."

지유는 뭐라고 할 말이 없었어요. 아니라고 강하게 말하고 싶었지만 지호 말은 다 사실이었어요.

"응. 여기 오기 전까지 나도 몰랐어. 나 게임 중독인가 봐."

갑자기 지유는 눈물이 쏟아질 것 같았어요. 어쨌든 지유 때문에 지호도 게임 안으로 함께 들어왔으니까요. 모든 게 지유 탓 같았어요.

"미안해. 게임기를 허락 없이 가져간 것도……."

지유가 사과하자 지호는 한숨을 쉬었어요. 사실 화가 아주아주 많이 났지만 당장은 지유와 함께 퀘스트를 해결하고 게임 밖으로 나가는 게 더 중요했어요.

"알겠어. 일단 대왕 액체 괴물을 얼른 잡자. 그리고 현실로 가서 아빠가 사 온 케이크를 먹는 거야. 좋지?"

"좋아!"

지유는 금세 얼굴이 밝아졌어요. 당장이라도 눈앞에 대왕 액체 괴물이 나타나면 신나게 잡을 수 있을 것처럼 힘이 마구 솟아났어요.

"그런데 프로 게이머가 뭐야? 그게 오빠 닉네임인 거 봤어."

지유가 고개를 갸웃하며 물었어요. 지호는 미소를 지으며 어깨를 으쓱하고는 대꾸했어요.

"게임을 전문적으로 하는 직업이야. 게임 리그에 나가는 선수 같은 거지."

"그러면 게임을 아주 많이 해야겠네? 그렇게 되면 나처럼 게임 중독자 되는 거 아니야?"

지유가 손가락으로 자신을 가리키며 묻자 지호는 피식 웃으면서 대답했어요.

"물론 게임을 많이 연습해야 해. 하지만 축구 선수가 된다고 잠도 안

자고 밥도 안 먹고 축구만 하는 건 아니잖아."

"하긴……."

지호는 쑥스러운 듯 얼굴을 붉히며 말했어요.

"사실 프로 게이머는 내 꿈이야."

지호는 게임도 열심히 하지만 공부도 열심히 했어요. 그리고 매일매일 게임을 분석했답니다. 모두 자신의 꿈을 위해서였죠.

"앞으로 성적을 더 올려서 컴퓨터 게임도 할 수 있도록 엄마에게 허락 받고 싶어."

지호는 빙그레 웃으면서 이마에 맺힌 땀을 닦았어요.

지유는 두 눈을 끔뻑이면서 지호를 올려다보았어요. 왠지 모르게 지호가 달라 보였어요. 그동안은 혼자만 게임기를 독차지하려고 동생에게 깐깐하게 군다고 생각했거든요. 그런데 지호는 정해 놓은 시간만 게임을 했고, 심지어 그 게임으로 '공부'까지 했다니 놀랄 수밖에 없었어요.

"난 그것도 모르고 게임 닉네임을 바꿔 버렸어."

지유가 사과하자 지호는 무슨 소리인지 모르겠다는 표정을 지었어요. 지유는 개미만 한 목소리로 덧붙였어요.

"프로 게이머가 오빠 꿈인지 모르고 내가 게임 중독자로 바꿨어."

"뭐라고?"

지호가 어이없어서 고개를 절레절레 저었어요. 화를 내고 싶었지만 황당한 마음이 더 컸어요.

그런데 생각해 보니까 지유의 이런 모습도 처음이었어요. 지유는 무슨 일이 있어도 절대 사과를 안 하고 고집부리는 성격이에요. 그런데 지금 지유는 진심을 다해서 용서를 구하고 있었어요. 지호는 이미 마음

프로 게이머가 되고 싶다고?

요즘 인기 있는 직업으로 프로 게이머가 떠오르고 있어요. 프로 게이머들이 모여서 실력을 겨루고 우승자를 뽑는 대회를 e-스포츠라고 해요. 전 세계적으로 e-스포츠 리그(대회)가 열리고 있지요. 게임 리그에서 우승하면 높은 상금과 인기를 얻을 수 있어요. 베이징 올림픽에서는 게임을 종목으로 넣기도 했답니다.

판단력과 분석력을 요구하는 프로 게이머

프로 게이머는 자신이 나갈 리그의 게임을 분석하고 어떻게 이길 수 있는지 전략을 짜야 해요. 오랫동안 게임도 연습해야 하고요. 프로 게이머가 되려면 강한 승부욕과 뛰어난 판단력이 필요해요. 그리고 단순히 게임을 좋아하는 것을 넘어서 직업적으로 게임을 한다는 마음가짐을 갖추어야 해요. 평소에도 꾸준히 게임 연습을 하고 규칙적인 생활을 하며 몸과 마음을 건강하게 유지한답니다. e-스포츠 선수도 어엿한 스포츠 선수이니까요.

속에서 지유를 용서해 주었답니다.

"지유야, 어쩌면 네가 게임 중독이 된 건 내 탓일지도 몰라."

"엥? 그게 무슨 말이야?"

지호의 말에 지유는 두 눈이 커졌어요.

"내가 게임기를 잘 안 빌려줬잖아. 그래서 네가 게임을 더 하고 싶었나 봐. 못 하게 하면 더 하고 싶은 법이잖아."

지호가 분석하듯 말해 주니까 지유는 신나서 맞장구를 쳤어요.

"그렇네! 다 오빠 탓이네!"

지유가 장난을 치자 지호도 못 말리겠다는 듯 피식 웃으며 말했어요.

"그래. 내 탓이야! 얼른 대왕 액체 괴물이나 잡으러 가자."

지호가 망치를 휙휙 돌리며 마구 달리기 시작했어요. 지유가 그 뒤를 따라오면서 "같이 가!" 하고 외쳤지요.

어쩌면 게임 안에 영영 갇힐지도 모르는 심각한 순간이었어요. 하지만 생각을 달리 해 보니 태어나서 가장 짜릿한 순간이기도 했어요. 게임에 들어와서 직접 돌아다니게 되다니! 앞으로 프로 게이머가 되어서 멋지게 게임을 한데도 이보다 신날 순 없을 것 같았어요. 그리고 말 안 듣는 사고뭉치 동생이지만 지유와 함께 있어서 다행이었지요.

지호는 전설의 망치를 들고 다시 힘차게 달렸어요. 프로 게이머가 되려는 지호의 꿈이 무럭무럭 자라나고 있었답니다.

 **대왕 액체 괴물을 만나다!**

"쉿."

지호가 손가락을 입술에 대고 말했어요. 지유는 온몸이 오싹했어요. 갑자기 차가운 바람이 훅 불어왔거든요. 나무가 드문드문해지면서 커다랗고 날카로운 바위가 가득한 계곡이 나왔어요. 하지만 물은 바짝 말라 있었어요.

"저기 좀 봐."

지호가 침을 꿀꺽 삼키며 손가락으로 가리켰어요. 바위 사이로 무언가 끈적끈적한 액체가 흘러나오고 있었어요. 노랗고 빨갛고 파란 슬라임이 섞여서 무지개색으로 빛났어요.

지유는 숨을 죽이고 바위 위로 올라갔어요. 어느새 지호도 건너편 바위로 훌쩍 올라갔답니다.

"크아아아, 잠이 부족해!"

대왕 액체 괴물의 울부짖는 소리가 크게 들렸어요. 바로 옆에 서 있는 것처럼 생생했기에 지호와 지유는 동시에 어깨를 움츠렸어요. 망치를 들고 있는 지유의 손이 파르르 떨렸어요. 그런 지유를 보며 지호도 덩달아 긴장했어요.

순간, 갑자기 바위 사이로 흐르던 슬라임이 꿈틀댔어요. 마치 살아 있는 것처럼 말이에요. 그러더니 문어 다리처럼 길쭉하게 뭉쳐졌어요.

"지유야! 피, 피해!"

지호가 외쳤지만 이미 슬라임 다리는 지유의 다리를 붙잡았어요. 놀란 지유가 비명을 지르면서 망치로 슬라임을 마구 때렸답니다. 그러자 슬라임은 움찔거리더니 지유를 놓아 주었어요. 지호도 얼른 와서 도망치는 슬라임을 향해 망치를 뽕! 하고 휘둘렀어요.

"또 누가 나의 잠을 깨우는 거야?"

계곡을 꽝꽝 울리는 목소리가 들렸어요. 이윽고 바닥을 흐르던 슬라임이 하나로 뭉쳐지더니 거대한 얼굴로 변했어요. 대왕 액체 괴물이었어요.

"초딩 게임 중독자 녀석들이네. 너희들은 쉬지도 않냐?"

대왕 액체 괴물이 지호와 지유를 보며 외쳤어요. 지유는 '초딩'이라는 말에 기분이 조금 나빴어요. 하지만 대왕 액체 괴물에게 달려들 수 없었어요. 생각보다 너무 컸거든요. 놀라기는 지호도 마찬가지였어요.

"오, 오빠 어떡해?"

이렇게 묻던 지유가 비명을 질렀어요. 지호가 방심하는 사이에 대왕 액체 괴물이 커다란 입을 쩍 벌리고 다가오고 있었거든요. 지호는 재빨리 도망치려고 했지만 대왕 액체 괴물의 문어 같은 발들이 다가와 지호의 온몸을 꽉 붙잡았답니다. 지호는 발버둥을 치면서 "이거 놔!" 하고

소리쳤어요.
"우리 오빠를 건들지 마!"
지유가 망치를 들고 대왕 액체 괴물의 몸 여기저기를 공격했어요. 하지만 아주 잠깐 슬라임이 움찔할 뿐이었어요. 대왕 액체 괴물은 꿈쩍도 하지 않았답니다.

"게임에 중독된 초딩들은 정말 나를 귀찮게 해."

대왕 액체 괴물은 이렇게 중얼거리더니 지호를 한입에 꿀꺽 삼켰어요. 순식간에 지호가 액체 괴물 배 속으로 사라졌지요.

"오빠! 오빠!"

지유가 엉엉 울면서 소리 질렀어요.

그때 바위 뒤쪽에서 누군가가 지유를 잡아 당겼어요. 지유와 키는 비슷했지만 고양이 얼굴을 한 사람이었어요.

"쉿, 나는 나양이야. 너희처럼 이 게임에 갇혀 있어."

"우리 오빠를 좀 구해 줘. 부탁이야!"

지유가 나양이의 손을 잡고 애원했어요. 나양이는 뾰족한 귀를 실룩거리더니 코 옆에 난 수염을 긁적이며 대답했어요.

"대왕 액체 괴물은 정말 힘이 세. 그래서 함부로 다가가면 안 돼."

"우리 오빠를 꿀꺽 삼켜 버렸다고."

지유가 울먹이는 표정으로 중얼거렸어요.

"네 오빠는 액체 괴물 배 속에서 멀쩡하게 살아 있을 거야. 나도 두 달 동안 갇혀 있다가 괴물이 똥을 쌀 때 탈출했거든."

나양이가 설명하면서 지유의 손을 잡고 이끌었어요. 지금은 이곳을 빠져나가는 게 먼저라고 말이에요.

"나중에 네 오빠를 구할 방법을 찾아보자."

지유는 어쩔 수 없이 나양이와 함께 계곡을 빠져나갔어요. 텅 빈 계곡은 대왕 액체 괴물이 고래고래 외치는 목소리로 가득했어요.

"하루 종일 게임만 하는 게임 중독자들이 끊임없이 나타나니 내가 잠을 잘 수가 없어!"

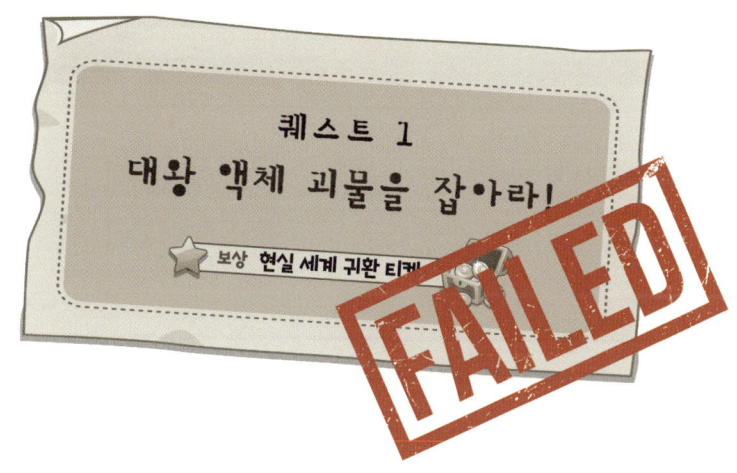

게임 중독을 병으로 봐야 할까?

게임 중독을 질병으로 봐야 하는가?

세계 보건 기구	게임업계
술, 담배처럼 장기간 중독된 사례가 있다.	게임이 교육, 치료에 도움이 되는 사례가 많다.
청소년에게 특히 중독성이 높다.	시간이 지나면 대부분 흥미를 잃는다.
게임 중독 자체가 건강에 직접적인 영향을 미친다.	다른 정신적 문제가 있는 사람이 게임에 중독되는 것이다.
질병으로 인정해야 본격적인 치료와 예방이 가능하다.	교육이나 캠페인을 통해 충분히 예방할 수 있다.

게임 중독 질병 코드 부여 찬반 입장

보건 복지부	문화 체육 관광부
역학 조사 통해 게임 중독 실태를 파악하고 예방 또는 치료할 수 있게 대책을 세워 나갈 계획	문화적, 예술적 상황에 완전하게 참여할 수 있는 아동 권리 박탈 행위
진단 기준 명확하게 규정시 오히려 게임 산업 발전에 도움	과학적 미검증 게임 이용 장애 질병 분류는 반대하지만 건전한 게임 문화 조성은 중요하므로 다양한 정책을 수립해 나갈 계획
민관 협의체 추진 계획	복지부 주도 협의체 불참, 객관적인 협의체 구성 시 참여

우리는 정말 게임만 좋아할까?

청소년이 향후 하고 싶은 여가 활동

- 관광 활동 **58.5%**
- 취미·자기 개발 활동 **48.8%**
- 문화 예술 관람 **48.5%**
- 컴퓨터 게임·인터넷 검색 **30.2%**

자료: 통계청(2020)

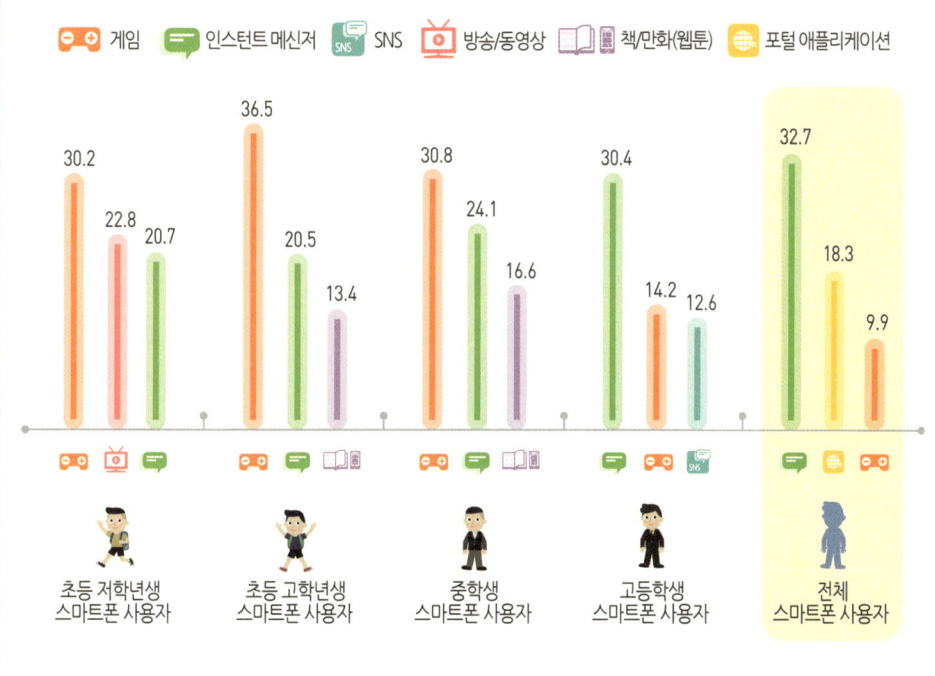

스마트폰 애플리케이션 이용률

게임 / 인스턴트 메신저 / SNS / 방송/동영상 / 책/만화(웹툰) / 포털 애플리케이션

구분	게임	방송/동영상	인스턴트 메신저	책/만화	SNS
초등 저학년생 스마트폰 사용자	30.2	22.8	20.7		
초등 고학년생 스마트폰 사용자	36.5		20.5	13.4	
중학생 스마트폰 사용자	30.8		24.1	16.6	
고등학생 스마트폰 사용자			30.4		14.2, 12.6
전체 스마트폰 사용자	9.9		32.7		18.3

자료: 정보 통신 정책 연구원(2017)

요즘에는 여가 시간에 게임을 하는 어린이가 점점 많아지고 있어요. 그런데 정말 게임 자체가 좋아서 하는 것일까요? 2020년 통계 자료를 보면, 여가 시간에 가장 하고 싶은 건 관광 활동이라는 의견이 나왔어요. 실제로는 밖으로 여행을 하거나 외부 활동을 하고 싶은데, 그럴 상황이 아니니 게임을 하는 것이지요. 여러분 생각은 어떤가요?

초등학생이 피시방에 가는 걸 금지해야 할까?

 오빠, 친구들이 피시방 같이 가자는데 가도 돼?

 피시방이라……. 뭐 하러 가는데?

 어…… 숙제 자료도 찾고, 출력도 하고……. 게임도 하고?

 에휴, 게임이 목적이겠지. 가도 좋은데 우리 나이에 맞지 않는 게임은 하면 안 돼.

 응! 그런데 오빠, 어떤 피시방에는 초등학생 출입을 금지한다고 안내문이 붙어 있던데 왜 그러는 거야?

 우리 같은 아이들이 나이 제한이 있는 게임을 하면 피시방 주인이 벌금을 내야 하거든. 그래서 아예 출입을 못 하게 하는 거지. 어른들이 못 하게 하더라도 몰래 하는 애들도 있으니까.

 그건 이상하잖아? 왜 그런 애들 때문에 우리가 피해를 봐야 하는데?

그러게, 그러니까 마치 피시방이 나쁜 곳처럼 느껴지잖아. 엄마 아빠한테 피시방 다녀온다고 할 때마다 걱정하시더라고.

맞아. 그리고 피시방 자체가 문제가 아니라 거기에 있는 다른 사람들이 문제인 경우도 있잖아? 예를 들어 담배를 핀다든지, 욕을 한다든지 해서 우리 어린이들에게 나쁜 영향을 끼칠 수 있거든. 어른들이 관리를 잘 해 줘야 하는데 말이지!

 나는 프로 게이머를 목표로 하는 만큼, 피시방 같은 곳이 더욱 안전하고 좋은 쉼터로 알려져 많은 사람들이 게임에 관심을 가져 줬으면 좋겠어. 그러니 어른들 탓만 하지 말고 우리들도 피시방에서 시끄럽게 떠들거나 쓰레기를 함부로 버리는 등 예의 없는 행동은 하지 말아야 해.

알았어, 오빠. 어른들도 우리도 법을 지키도록 노력해야 한단 얘기지? 나도 앞으로는 친구들에게 엄마, 아빠 허락을 받고 정해진 시간만 이용하도록 말하고 다닐게.

게임 마스터의 한마디
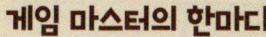

여러분은 온라인 게임을 집에서 하나요, 피시방에 가서 하나요? 친구들과 모여서 피시방에 가는 일도 있을 거예요. 가서 15세 이상, 성인용 게임을 해 본 적이 있지는 않나요? 호기심에 해 보고 싶은 마음이 들면 어떡하면 좋을까요? 친구가 시켜 준다고 하면 어떻게 거절해야 할까요?

건강한 게임 OX 퀴즈

아래 보기에서 좋은 게임 습관에 O를,
나쁜 습관에는 X를 해 보세요.

1. 부모님이 외출하면 게임을 평소보다 더 해도 된다.

2. 게임 화면을 얼굴에 너무 가깝게 하지 않고, 허리도 쭉 펴고 한다.

3. 게임을 더 하고 싶으면 부모님과 이야기해서 게임 시간을 조정한다.

4. 친구에게 돈을 빌려서 게임 아이템을 사도 괜찮다.

5. 게임에서 크게 져도 괜찮다고 생각한다.

정답: 1.X, 2.O, 3.O, 4.X, 5.O

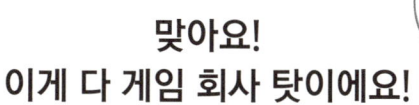

 나양이의 정체

　지유는 나양이와 함께 걸었어요. 숲을 지나 강물을 건너서 무릎까지 풀이 자란 들판으로 나왔어요.
　지유는 대왕 액체 괴물이 똥을 쌀 때까지 기다렸어야 하지 않나 하는 고민도 들었어요. 하지만 나양이 말로는 거의 두 달을 기다려야 한다고 했어요.
　"그래서 우리는 지금 어디로 가는 거야?"
　지유가 힘이 하나도 없는 목소리로 나양이에게 물었어요. 나양이는 기다란 꼬리를 살랑살랑 흔들면서 대답했지요.
　"나한테 지호를 구할 방법이 따로 있어. 나만 따라와."

나양이는 제대로 설명해 주지 않고 이 말만 반복했어요. 지유는 답답하기만 했어요. 처음 만난 나양이 말만 믿기에는 조금 불안했답니다. 눈을 감으면 자꾸만 지호 얼굴이 떠올랐어요.
　"나양아, 오빠가 너무 걱정돼."
　지유의 말에 나양이가 별것 아니라는 듯 말했어요.
　"에이, 내가 구해 준다니까. 난 이 게임에 대해 아주 잘 알거든."
　"어떻게 잘 아는 건데?"
　지유가 나양이를 똑바로 쳐다보며 물었어요. 그러고 보니 나양이가 누구인지 왜 지유와 지호를 구해 주는 건지 이야기를 듣지 못했어요. 나양이는 살짝 당황한 표정을 지었지만 이내 웃으며 대답했어요.
　"너희랑 똑같아. 난 게임에 중독된 아이였어."

나양이가 말하자 지유는 깜짝 놀랐어요. 나양이의 모습은 보통 아이와 달랐거든요. 얼굴은 고양이를 닮았고, 엉덩이에는 꼬리까지 달려 있었어요.

"나는 하루 종일 게임만 했어. 그러다가 어느 날 자려고 누웠는데 정말로 게임 속으로 들어오게 된 거야."

"그래서?"

지유는 당연히 나양이가 현실로 돌아가고 싶다고 말할 줄 알았어요. 부모님도 보고 싶고 학교도 다시 가고 싶다고요. 사실 지유 마음이 딱 그랬거든요. 다시 현실로 돌아가면 게임은 적당히 하고 가족과 친구와 시간을 더 많이 보내고 싶었어요. 하지만 나양이의 대답은 그렇지 않았어요.

"나는 여기가 좋아. 그래서 어느새 내 모습도 게임 캐릭터처럼 변해 버렸나 봐."

나양이는 어깨를 으쓱하며 말했어요. 지유는 조금 당황스러웠어요.

휙.

하늘 저편에서 무언가 날아오는 소리가 났어요.

지유와 나양이가 두리번거렸어요. 그러자 지유 발밑에 편지 봉투 하나가 툭 떨어졌어요.

퀘스트를 읽어 보던 지유의 두 눈이 커졌어요.

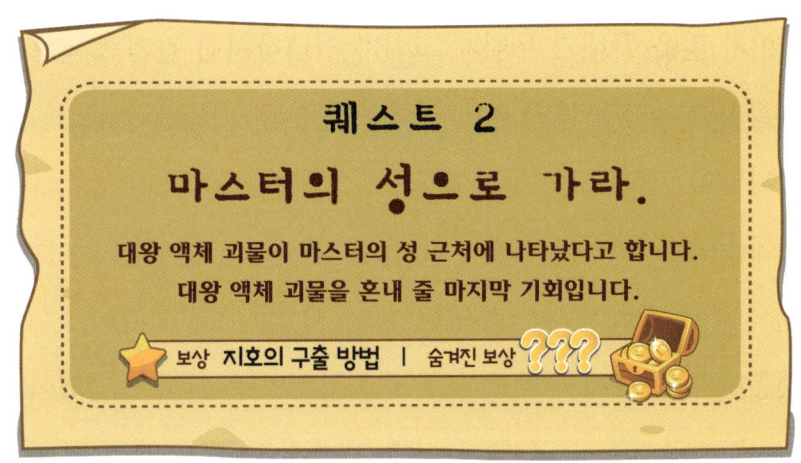

지유는 얼른 마스터의 성으로 가서 대왕 액체 괴물의 몸에서 지호를 구해 내고 싶었어요. 나양이도 고개를 끄덕였어요.

지유가 퀘스트 쪽지 뒷면을 보았어요. 저번처럼 퀘스트를 풀어 낼 힌트가 적혀 있었답니다.

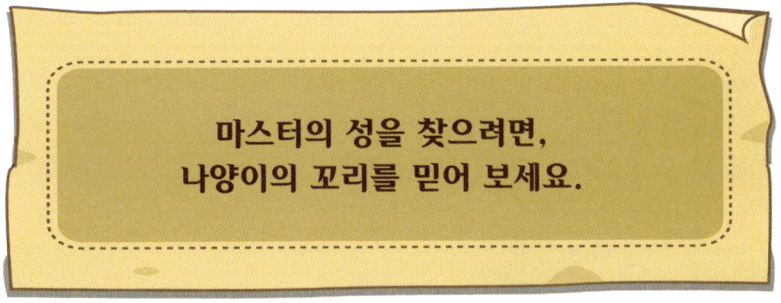

지유가 힌트를 보여 주며 나양이의 꼬리를 가리켰어요. 나양이도 신나서 엉덩이를 실룩거리며 꼬리를 배배 꼬았지요.

"이제부터 내 꼬리만 믿어!"

나양이가 말을 끝내기 무섭게 꼬리가 안테나처럼 길게 섰어요. 그러더니 빙글빙글 돌다가 들판 너머 어딘가를 가리켰어요.

"헉, 나양아, 저기에 성이 보여!"

처음에는 구름에 가려서 잘 보이지 않았어요. 그런데 햇빛이 쏟아지면서 언덕 위에 뾰족뾰족하고 까만 성이 서 있는 게 보였어요. 나양이는 오랫동안 게임 속에서 살았지만 저런 성은 처음 본다고 말했어요.

"마스터? 마스터는 누굴까? 누군데 성에 살아?"

지유가 기대에 찬 눈빛으로 물었어요. 나양이는 기대된다는 듯 중얼거렸어요.

"마스터는 이 게임을 만든 사람이야. 나도 꼭 만나고 싶었는데 지유 네 덕분에 마스터의 성을 찾았네."

지유는 고개를 힘차게 끄덕이면서 성을 향해 달렸어요.

"얼른 가자. 마스터가 그렇게 대단한 사람이면, 대왕 액체 괴물한테서 우리 오빠를 꺼내 줄 수 있을 거야. 그렇지?"

지유가 묻자 나양이는 고개를 돌려 의미심장한 미소를 지었어요.

 마스터의 성으로 가다

지유와 나양이는 나양이 꼬리를 나침반 삼아 열심히 걸었어요. 멀리서 볼 때는 가까워 보였는데 길이 꼬불꼬불해서 언덕을 빙 돌아가야 했어요.

물론 게임 안이라서 몸이 지치거나 다리가 아프진 않았어요. 그나마 다행이었지요.

"나는 게임을 하면서 가장 귀찮았던 게 밥 먹는 거야. 내가 컴퓨터 책상에서 밥을 먹으면 부모님이 아주 싫어했거든."

나양이가 예전 이야기를 꺼냈어요. 지유도 처음에는 게임을 할 때 부모님이 밥을 먹으라고 부르면 짜증이 났어요. 그러고 보면 지유를 생각해서 부른 건데. 지유는 괜히 부모님에게 죄송했어요.

"어쨌든 나는 여기서 밥도 안 먹고 게임할 수 있어서 너무 좋아. 지유 너도 그렇지?"

지유는 점점 나양이 말에 동의할 수 없었어요. 만약에 지호에게 게임기를 가져간 걸 들키지 않았다면 어땠을까 상상해 보았어요. 나양이처럼 게임에 심하게 중독되었을 것 같았어요. 그건 생각만 해도 끔찍했어요.

"나양아, 나랑 오빠는 마스터를 만나면 현실로 돌아가게 해 달라고

 게임 정보

유료 아이템 결제와 아이템 거래

게임 회사는 이용자가 많이 늘어나면 돈을 벌 수 있어요. 이용자가 게임 안에서 유료 아이템을 결제하면 가장 큰 수익을 얻게 되죠. 그래서 게임 회사에서는 되도록 많은 사람이 아이템을 결제하도록 유도해요.

일부 게임에서는 이용자에게 무작위로 고르는 랜덤 아이템 박스를 팔기도 하는데 안에 고급 아이템이 든 것처럼 광고하지만 막상 박스를 열면 평범한 아이템이 대부분이에요. 하지만 이용자들은 고급 아이템이 나올지도 모른다는 기대감으로 또 구매하지요. 복권처럼 말이에요.

실제로 고급 아이템을 얻을 확률은 몇천, 몇만 분의 1도 안 된다고 해요. 또한 자신이 가진 귀한 아이템을 남에게 돈을 받고 파는 경우도 있는데 이 때문에 발생하는 사기 행위나 각종 불법 프로그램도 문제가 되고 있어요.

말할 거야. 너도 같이 나가자."

지유가 걱정스러운 목소리로 나양이에게 말했어요. 그게 옳다고 생각했거든요. 그런데 나양이 눈이 사납게 길쭉해졌어요. 화가 난 고양이 눈처럼요.

"싫어! 난 여기가 좋다고 몇 번이나 말해? 너도 우리 부모님처럼 잔소리할 거면 앞으로 조용히 해."

나양이 목소리는 바짝 세운 고양이 발톱처럼 매서웠어요. 지유는 움찔하며 물러섰어요.

지유는 민망한 얼굴로 나양이 뒤를 따라갔어요.

그런데 씩씩 화를 내던 나양이 얼굴이 갑자기 밝아졌어요. 드디어 마스터의 성으로 향하는 오솔길에 들어섰거든요. 그 길을 따라 쭉 걷기만 하면 바로 성문 앞까지 갈 수 있었지요.

"저기야, 저기! 드디어 마스터를 만나게 되다니!"

나양이는 주먹을 꽉 쥐고 하늘을 향해 들어 올렸어요.

지유는 나양이 뒤를 따라 걷다가 무언가에 놀라 펄쩍 뛰었어요. 실수로 슬라임 웅덩이를 밟았거든요. 아까 대왕 액체 괴물의 흔적을 찾아 따라가던 그 웅덩이와 크기가 똑같았어요.

"이건 대왕 액체 괴물이 흘린 침이야."

이 근처에 대왕 액체 괴물, 그러니까 지호가 있다는 증거였어요. 지

유는 서둘러 주변을 두리번거렸어요.

"나양아, 얼른 우리 오빠를 찾자. 대왕 액체 괴물이 여기에 있어."

지유가 망치를 꺼내 들고 주위를 경계하며 외쳤어요. 대왕 액체 괴물을 만나서 오빠를 제발 꺼내 달라고 애원이라도 하고 싶었답니다.

"안 돼! 마스터가 먼저야. 빨리 그 녀석을 만나야겠어!"

나양이가 신경질적으로 대꾸했어요. 그러더니 이를 갈면서 오솔길을 향해 달리기 시작했어요.

지유는 일단 나양이를 따라갔어요. 그런데 너무 빨라서 따라잡을 수가 없었어요. 나양이는 무언가에 홀린 것처럼 보였어요.

마스터의 성은 동화책에 나오는 외국의 오래된 성을 닮았어요. 까맣고 울퉁불퉁한 벽돌을 쌓아서 찌를 듯 높이 솟아 있었지요. 성에는 작은 창문 하나가 있었어요. 빨간 커튼이 드리운 창문으로 누군가의 그림자가 비쳤어요.

"마스터! 마스터! 당장 나와!"

나양이가 외치자 달칵 하는 소리가 나며 창문이 열렸어요. 지유도 얼른 나양이 곁에 와서 섰어요. 이 게임을 만든 사람이 도대체 어떤 사람일지 궁금했거든요.

"누, 누구?"

창밖으로 마스터 목소리가 들렸어요. 왠지 겁에 질린 것 같았어요. 좀 의외였지요.

"도대체 나한테 원하는 게 뭐야? 제발 돌아가! 나를 그만 놓아줘!"

드디어 고개를 내민 마스터가 큰 소리로 말했어요. 하얗게 질린 얼굴을 한 마스터는 괴로워 보였어요. 두 손은 이상한 빛으로 꽁꽁 묶여 있었고요.

지유는 지금 상황이 이해할 수 없었어요. 지유가 생각한 마스터는 아주 대단한 존재였어요. 왜냐하면 이 게임을 만들었으니까요. 하지만 실제로 만난 마스터는 성에 갇힌 포로였어요. 심지어 나양이를 보자마자

제발 돌아가 달라고 창백한 얼굴로 소리쳤지요.

"나양아, 무슨 일이야? 마스터는 왜 저러고 있는 거야?"

지유가 어리둥절한 얼굴로 물었어요. 그러자 나양이는 아주 화가 난 얼굴로 발톱을 세웠어요.

"마스터는 오래전 바이러스 프로그램에 감염되어서 저 성에 갇혀 있는 거야. 그래서 자신을 구해 줄 게임 중독자 아이들을 찾아서 부르는 거지. 너와 지호가 이 게임 안으로 들어온 이유도 마스터가 불러서야. 그리고 자신을 찾아오도록 퀘스트를 몰래 보낸 거야."

"뭐라고? 그러면 얼른 마스터를 구해 주자."

지유의 말에 나양이는 어이없다는 듯 웃었어요. 그러더니 까만 성벽을 타고 올라가기 시작했어요.

"난 안 그럴 거야. 마스터를 없애고 내가 이 게임을 지배할 거야. 그래서 영원히 이 게임 안에서 살 거라고!"

나양이가 본색을 드러내면서 창문을 향해 기어갔어요. 지유는 나양이를 막아야 한다는 생각이 들었어요. 나양이가 마스터를 없앤다면 지유와 지호도 이 게임에 갇힐지 몰라요.

"나양아, 그러지 마. 넌 지금 게임 중독 때문에 정신이 흐려진 거야!"

지유가 나양이를 말려 보았지만 나양이는 금세 벽을 타고 폴짝폴짝 올라갔어요. 그 모습을 본 마스터가 놀라서 창문을 닫으려고 했어요.

4장 숨겨진 퀘스트

지유는 나양이가 마스터를 잡으러 올라가는 모습을 손 놓고 보고 있어야 했어요. 발을 동동 구르며 어쩔 줄 몰라 했지요.

"크으으으으!"

지유가 소리 나는 쪽으로 고개를 돌리자 대왕 액체 괴물이 화가 잔뜩 난 표정으로 다가오고 있었어요. 여기저기 슬라임을 뚝뚝 흘리면서요. 지유는 침을 꿀꺽 삼키고 망치를 꽉 움켜쥐었어요.

"여기야! 여기로 오라고!"

지유가 대왕 액체 괴물을 향해 손을 흔들었어요. 지유는 도망치지 않았어요. 대왕 액체 괴물이 인상을 확 찌푸린 채로 돌진했어요.

"나를 초딩이라고 불렀겠다! 이 예의 없는 녀석아!"

지유의 말을 알아듣기라도 한 듯 대왕 액체 괴물이 성벽을 향해 몸통 박치기를 했어요. 지유는 재빨리 옆으로 피했답니다. 성벽이 크게 흔들렸고 그 충격으로 벽에 붙어 있던 나양이가 아래로 떨어졌어요.

"으악!"

나양이가 비명을 지르면서 허우적댔어요. 그 아래에서 대왕 액체 괴물이 입을 쩍 벌리고 있었답니다. 나양이는 그대로 대왕 액체 괴물의 입안으로 꿀꺽 사라졌어요.

지유는 나양이를 부르면서 대왕 액체 괴물의 엉덩이로 다가갔어요. 그리고 있는 힘껏 전설의 망치로 엉덩이를 뽕! 때렸답니다.

대왕 액체 괴물의 엉덩이가 실룩거리기 시작했어요. 그러더니 요란한 방구가 나오면서 지호의 손이 쑥 하고 나왔답니다.

"오빠! 오빠!"

지유가 얼른 지호의 손을 잡고 힘껏 당겼어요. 서서히 지호의 어깨와 얼굴이 나오면서 온몸이 빠져나왔답니다. 지호가 겨우 눈을 뜨자 지유는 반가워서 눈물을 흘렸어요.

"지유 네가 날 구했네. 고마워."

지호가 중얼거리자 지유도 방긋 웃으며 오빠 얼굴에 묻은 슬라임을 닦아 주었어요.

"오빠가 대왕 액체 괴물 몸속에 갇혀 있는 동안 어마어마한 일들이 있었어."

지유가 그동안 있었던 일을 하나둘 이야기할 때였어요. 대왕 액체 괴물이 다시 마스터의 성을 향해 머리를 쿵! 하고 박았어요.

"헉, 성이 무너질 것 같아! 피, 피해!"

지호가 눈이 동그래져서 소리쳤어요. 지유는 얼른 지호를 부축해서 옆으로 피했어요.

대왕 액체 괴물이 화가 나서 외쳤어요.

"이런 게임 중독자들 때문에 셧다운 제도를 없애면 안 돼! 우리도 쉴 시간이 필요하다고!"

게임 중독에 빠진 어린이는 얼마나 게임을 할까?

초등학교 입학 전에 게임을 시작하는 어린이 수가 점점 늘어나고 있어요. 그래서 어릴 때부터 게임을 올바르게 즐길 수 있도록 하는 교육이 정말 중요해요.

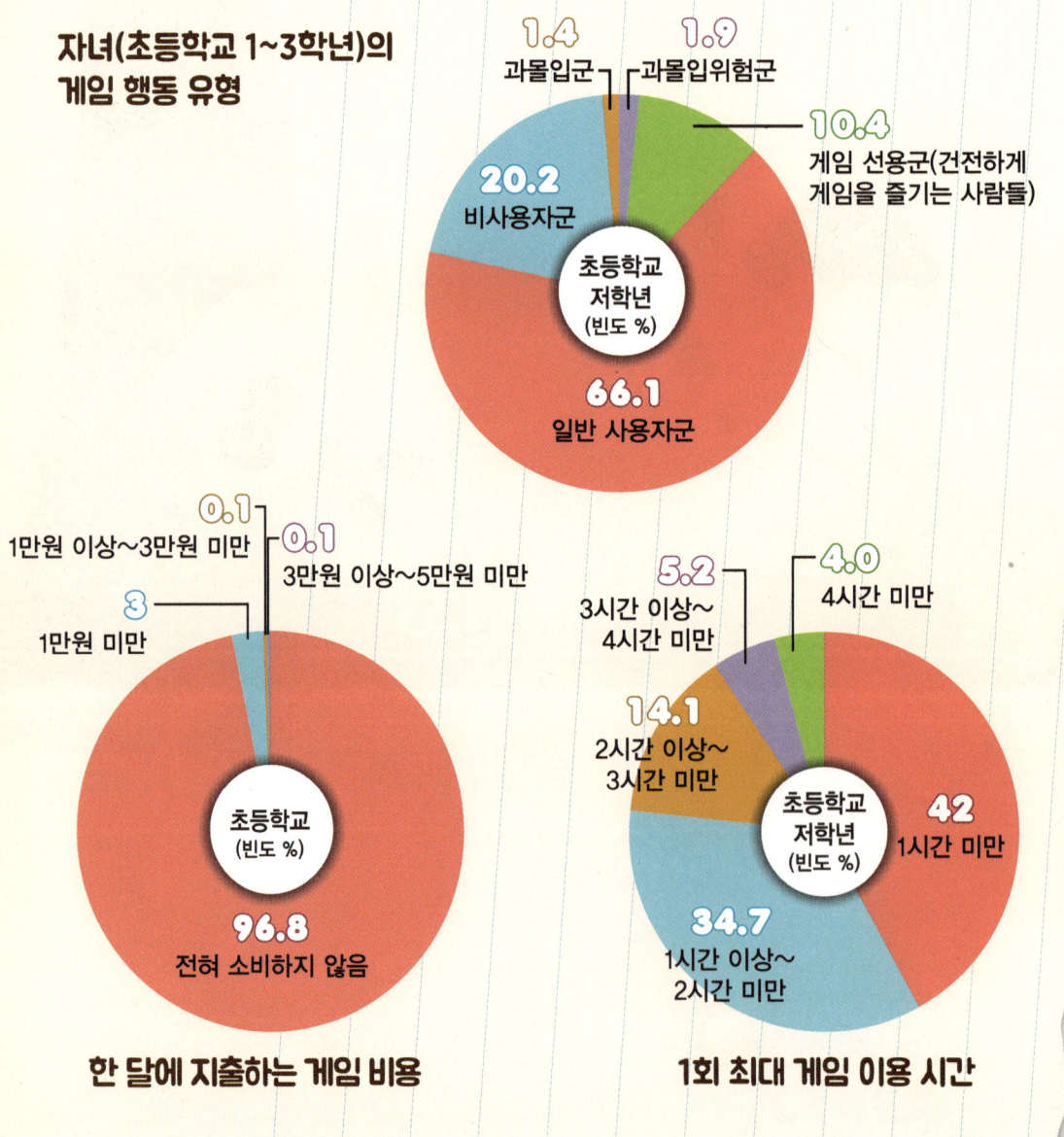

자녀(초등학교 1~3학년)의 게임 행동 유형

초등학교 저학년 (빈도 %)
- 1.4 과몰입군
- 1.9 과몰입위험군
- 10.4 게임 선용군(건전하게 게임을 즐기는 사람들)
- 20.2 비사용자군
- 66.1 일반 사용자군

한 달에 지출하는 게임 비용

초등학교 (빈도 %)
- 0.1 1만원 이상~3만원 미만
- 0.1 3만원 이상~5만원 미만
- 3 1만원 미만
- 96.8 전혀 소비하지 않음

1회 최대 게임 이용 시간

초등학교 저학년 (빈도 %)
- 5.2 3시간 이상~4시간 미만
- 4.0 4시간 미만
- 14.1 2시간 이상~3시간 미만
- 42 1시간 미만
- 34.7 1시간 이상~2시간 미만

자료: 2019 게임 과몰입 종합 실태 조사, 한국 콘텐츠 진흥원

셧다운 제도

셧다운제는 게임 중독으로부터 어린이와 청소년을 보호하기 위해 온라인 게임 서비스의 이용 시간을 제한하는 제도예요.

- ☑ **셧다운제** (청소년 보호법 26조)
  16세 미만 청소년은 0시부터 오전 6시까지 온라인 게임 이용 불가

- ☑ **선택적 셧다운제** (게임 산업 진흥에 관한 법률 제12조의 3)
  본인 또는 법정 대리인이 정한 특정 시간대에 게임 접속 차단, 이용 시간 및 결제 정보가 법정 대리인에게 통지

- ☑ **게임 등급 분류 제도** (게임 산업 진흥에 관한 법률 제21조 1항)
  별도 민간 기관의 등급 분류를 받지 않으면 아예 게임 서비스 불가능

- ☑ **온라인 게임 결제 한도 규제**
  월 결제 금액 성인 50만 원, 청소년 7만 원으로 제한
  * 자율 규제이지만 등급 분류의 필수 조건이 되면서 강제화

무조건적인 금지가 효과적인 해결법인지에 대해서는 찬반 논란이 있어요. 여성 가족부의 조사에서도 게임 외 청소년을 위한 활동 마련이 우선되어야 한다는 결과가 나왔어요. 현재는 셧다운 제도를 조금씩 축소하기로 의견이 모아지고 있어요.

게임 중독 예방에 효과적인 방안
자료: 여성 가족부

- **29.2%** 게임 외 청소년을 위한 활동 마련
- **21.7%** 게임 이용 시간 규제(셧다운제 0.5% 포함)
- **17.1%** 기타
- **13.5%** 가족 및 교사의 관심
- **11.8%** 게임 중독 예방을 위한 교육 프로그램 개발
- **6.7%** 제도적 차원에서의 게임 중독 예방책 마련

게임 중독은 병일까, 아닐까?

2019년 WHO에서는 게임 중독(게임 이용 장애)을 병으로 인정하고, 질병 코드로 등록하는 개정안을 채택했어요. 게임 중독이 심하면 일상생활이 어렵고, 건강을 해칠 확률이 높기 때문이에요. 그래서 2022년부터 WHO 회원국에서는 게임 중독을 병으로 진단하게 될 예정이랍니다. 게임을 도박이나 술, 담배 같은 중독으로 생각하는 것이에요. 앞으로는 게임 중독은 병원에서 진단 받고 상담을 받거나 약을 먹는 등 치료를 받을 수 있게 된다고 해요.

세계 보건 기구(WHO)가 규정한 게임 중독 진단 기준

자료: WHO, 보건 복지부

물론 게임 중독이 전문가에게 상담을 받고 극복해야 할 증상인 것은 맞아요. 하지만 게임 중독이 치료해야 할 '병'인지에 대해서는 의견이 엇갈려요. 게임 중독을 어떻게 효과적으로 치료할지 아직도 연구 중이기 때문이에요. 그리고 게임 중독에 빠지는 원인은 상황에 따라 다를 수 있기 때문에 무조건 병으로 진단하는 것에는 좀 더 논의가 필요해요. 가족과 대화가 없거나 친구들에게 따돌림을 당하는 등 여러 상황 속에서도 게임 중독에 빠질 수 있기 때문이에요. 이런 경우 게임을 무조건 그만두는 게 정답은 아니에요. 가족이나 친구와의 사이가 나아지면 자연스럽게 해결될 수 있거든요.

게임은 사람들이 즐길 수 있는 재미있는 놀이예요. 특히 코로나19와 같은 바이러스 때문에 사회적 거리 두기를 할 때, 게임으로 스트레스를 풀 수 있지요. 게임의 좋은 점도 많기 때문에 무조건 나쁘게 몰아가는 것은 바람직하지 않아요. 또한 게임은 다양한 예술이 모여서 만들어진 하나의 문화예요. 앞으로 더 많이 발전할 수 있는 산업이기도 하고요. 그래서 게임 산업 종사자들은 게임 규제가 생기는 것을 반대한답니다. 게임 중독을 병이라고 규정하면 게임은 병을 일으키는 나쁜 것으로 여겨질 수 있다는 지적도 무시할 수 없어요.

여러분은 게임 중독을 병으로 진단하는 것에 대해서 어떻게 생각하나요? 약으로 치료할 수 있다는 점에 긍정적인가요? 아니면 많이 즐기는 것과 중독을 구분하기 어려우니 반대하는 게 맞다고 생각하나요? 친구들과 한번 이야기를 나누어 보아요.

건강한 게임 퀴즈

게임에 중독된 친구가 올바른 게임 습관을 가질 수 있도록 화살표로 연결해 주세요.

1 게임에서 지면 기분이 오랫동안 안 좋고 오히려 스트레스를 받는다.

가 유료 아이템을 결제할 때에는 부모님에게 꼭 허락을 받도록 하자.

2 모든 가족이 잠자는 새벽에 게임을 하면 더 집중이 잘 된다.

나 게임은 스트레스를 풀려고 하는 놀이야. 잠깐 게임을 멀리하고 바깥에 나가서 바람을 쐬다 오면 어떨까?

3 나보다 게임을 못하던 친구가 아이템을 결제하고서 나를 이겼다. 결국 나는 부모님 몰래 아이템을 결제하고 말았다.

다 게임의 자극적인 연출에 빠지지 않게 자신의 나이대에 맞는 게임을 하도록 하자.

4 어른들이 하는 폭력적인 총 싸움 게임을 몰래 해 보았다. 처음엔 무서웠는데 갈수록 아무 느낌도 안 들고 오히려 재미있었다.

라 어린이는 평균 8~10시간 잠을 푹 자야 키가 크고 건강하게 성장할 수 있어. 밤 10시 이후엔 게임을 하지 않도록 하자.

정답: ①나, ②라, ③가, ④다

마스터의 진실

지유가 한참 만에 정신을 차렸어요. 잠깐 기절했나 봐요. 지유 옆에는 지호가 쓰러져 있었어요.

"오빠, 괜찮아?"

지유가 흔들어 깨우자 지호도 눈을 떴어요. 고개를 들어 보니 높다란 성은 반쯤 무너졌어요. 그런데도 대왕 액체 괴물은 계속 성벽을 부수고 있었지요.

"마스터를 찾아야 해. 우리를 여기로 부른 사람이 마스터랬어."

지유가 이마에 붙은 슬라임을 떼면서 말했어요. 지호는 고개를 끄덕이면서 주변을 천천히 살펴보았어요.

그런데 무너진 성벽 아래에서 빨간 커튼을 뒤집어쓴 누군가가 보였어요. 가까이 다가가니까 바들바들 떨고 있었답니다.
"마스터야!"
지유가 지호에게 속삭였어요. 지호는 침을 꿀꺽 삼키고서 커튼 쪽으로 다가갔어요.
"안녕하세요? 저는 지호, 얘는 지유예요. 우린 〈전설의 망치〉 게임을 아주 좋아해요."
지호가 상냥하게 자기소개를 했어요. 그러자 커튼이 살짝 올라가더니 마스터 얼굴이 보였어요.

놀라운 것은 마스터가 지호와 비슷한 아이 또래로 보였다는 거예요.

"안녕, 나는 마스터야. 지금은 바이러스에 걸려서 어린아이처럼 보일 거야."

마스터 말에 지유는 빙그레 웃었어요. 그러고는 마스터를 향해 다정히 손을 내밀었지요.

"우리가 도와줄게요. 어떻게 하면 돼요?"

지유의 친절한 목소리에 마스터는 커튼을 온몸에 둘둘 만 채로 일어났어요. 자꾸만 추운지 온몸을 벌벌 떨면서요.

"처음에는 나도 어린이가 즐겁게 놀 수 있는 게임을 만들었어. 그런데 자꾸만 게임 중독되는 아이들이 생겨난 거야. 그래서 슬펐어."

마스터가 중얼거리자 지호와 지유가 옆에서 부축해 주었어요. 셋은 무너진 성벽에 걸터앉았어요.

"나는 게임을 바꿔 보려고 했어. 그런데 누군가 게임 서버에 바이러스를 감염시킨 거야."

마스터가 커튼 아래로 두 팔을 보였어요. 파란색 빛이 마스터의 두 손을 꽁꽁 감고 있었어요. 지호가 살짝 손을 대 보자 지지직 소리를 내면서 빛났어요.

"바이러스가 게임을 지배하면서 많은 아이가 게임 중독에 걸렸어. 그리고 나양이처럼 게임에 스스로 갇혀 버린 아이도 생겨났지."

마스터가 기침을 하면서 다시 온몸을 떨었어요. 왠지 모르게 많이 아파 보였지요. 지유는 마스터의 어깨를 토닥여 주었어요.

"저도 게임 중독이에요. 그래서 여기로 왔어요. 나양이가 그러는데 마스터가 우리를 여기로 불렀다고 했어요."

"맞아. 바이러스를 물리쳐 줄 친구들을 찾아야 했어. 처음에는 나양이였지만 나양이는 오히려 바이러스 편이 되었어."

마스터와 대화를 주고받던 지유가 한숨을 푹 내쉬었어요. 그렇다면 이제는 지유와 지호가 마스터를 구하고 게임을 다시 건강하게 돌려놓을 차례였어요.

지유 생각을 읽기라도 한 듯 지호가 벌떡 일어나서 외쳤어요.

"마스터, 우리에게 맡겨 줘요!"

지유도 망치를 들고서 마스터를 향해 큰 소리로 말했어요.

"나도 도울게요. 걱정 마요!"

5장 마스터를 만나다

마스터는 살짝 미소를 지으면서 고개를 끄덕였어요.

"고마워. 정말로……."

지유는 마스터와 이야기하는 동안 부끄러운 마음이 들었어요. 현실로 돌아가면 게임 중독이 되지 않고, 마스터가 생각한 대로 건강하게 게임을 하기로 마음먹었어요.

'바이러스를 꼭 잡고, 오빠랑 집으로 돌아갈 거야.'

지유는 망치를 잡은 손에 힘을 주며 결심했어요.

 바이러스를 찾아라!

"그래서 바이러스는 어디에 있는데요?"

지유가 묻자 마스터는 대왕 액체 괴물의 눈을 피해 무너진 성벽 쪽으로 갔어요. 그 사이로 지하실로 내려가는 문이 보였어요. 지호가 나무로 된 손잡이를 잡아당기자 끼익 하는 소리가 나며 문이 열렸답니다.

"먼저 내려갈게."

마스터가 앞장을 섰어요. 그 뒤로 지호와 지유가 따라갔지요.

계단을 내려가자 차가운 기운이 느껴졌어요. 지유는 자신도 모르게 몸을 움츠리며 팔을 감쌌어요. 컴컴한 어둠 속에서 파랗게 빛나는 모니터가 보였어요. 그 앞에는 키보드와 의자 하나가 놓여 있었답니다. 지유와 지호가 그 앞에 멈춰 섰어요. 그러자 스피커를 통해 음산한 목소리가 들리기 시작했어요.

왜 나를 없애려고 하지? 너희는 계속 게임을 하고 싶잖아.

바이러스의 목소리였어요. 지유가 대답을 하기도 전에 지호가 먼저 나섰어요.

"나는 게임이 좋아. 하지만 너무 많이 해서 사람들과 멀어지거나 건강을 해치긴 싫어."

지호의 말이 고요한 지하실에 울려 퍼졌어요. 지유는 고개를 끄덕였어요. 지호의 말이 지유가 하려던 말이기도 했으니까요.

게임 속에서 살면 공부를 하지 않아도 돼.
나를 따돌리는 친구들 얼굴을 안 봐도 되고. 귀찮게 밥은 왜 먹어?

바이러스는 다시 물었어요. 이번에는 지유가 대답을 해야겠다고 생각했어요.

그런데 지하실 계단에서 무언가 굴러떨어지는 소리가 났어요. 슬라

임을 잔뜩 뒤집어 쓴 나양이였어요. 나양이가 사나운 몸짓으로 계단을 내려왔어요. 마스터를 향해 손톱을 잔뜩 세우고서 말이에요.

"나양아, 안 돼!"

지호와 지유가 나양이를 막아섰어요. 놀란 마스터가 모니터 뒤로 숨었어요.

게임을 하면 즐거운 감정만 느끼게 될 거야.

이번에는 바이러스가 나양이에게 말했어요. 나양이가 반짝이는 눈빛으로 고개를 끄덕였어요. 그러더니 무언가에 홀린 듯 모니터를 향해 걸어가며 중얼거렸어요.

"맞아. 게임을 하면 슬픈 것들을 잊을 수 있어. 나는 현실로 돌아가기 싫어. 다 날 힘들게 해."

지유가 나양이의 손을 잡았어요. 지유처럼 그냥 게임이 좋아서 중독되기도 하지만 왠지 나양이에게는 다른 사정이 있는 것 같았어요.

"무슨 일이 있었는데?"

나양이는 남의 얘기를 하듯 묵묵히 자신의 이야기를 했어요. 부모님은 맞벌이라 자기를 신경 쓰지 않았고, 학교에서는 외톨이였다고요. 처음에는 심심해서 게임을 시작했는데 시간이 지날수록 게임을 하지 않으면 더 쓸쓸한 마음이 들었다고 했어요.

"나양아, 게임만 한다고 모든 게 해결되는 게 아니야. 우리 진짜 삶은 여기가 아니잖아. 지금의 너는 그저 도망치고 있을 뿐이라고."

지호가 나양이에게 진심을 담은 말을 건넸어요. 나양이는 고개를 들어 둘을 바라보았어요. 처음으로 누군가 자신의 이야기를 들어 준다는 느낌이 들었어요. 나양이는 자신도 모르게 눈물이 핑 돌았어요.

"…… 돌아가도 난 외로울 거야."

"괜찮아, 우리가 친구가 되어 줄게. 그리고 게임을 아예 하지 말라는 것도 아니야. 시간을 좀 줄이면 돼."

이번엔 지유가 답했어요. 지유의 마음을 느낀 나양이는 고개를 푹 숙였어요. 갑자기 고양이 가면을 쓴 나양이의 얼굴이 조금씩 원래대로 돌아오기 시작했어요. 멀리서 지켜보던 마스터가 말했어요.

"바이러스는 게임에 중독된 아이들의 어두운 마음에서 생겨 났어. 앞으로 건강한 게임 습관을 가지겠다는 어린이들의 다짐만 있다면 사라질 수 있단다. 자, 이제 너희들의 힘이 필요해!"

지호와 지유는 고개를 끄덕였어요. 한참을 망설이던 나양이도 결심을 굳힌 듯 둘을 쳐다보며 입을 열었어요.

"좋아."

아이들 셋은 동시에 망치를 들었어요. 그리고 파란색 모니터를 향해

망치를 뿅! 하고 내리쳤답니다.

이런 결정을 내리다니 실망…… 이군…….

바이러스의 목소리가 흘러나오더니 지하실이 무너지기 시작했어요.

마스터와 아이들은 놀라서 계단 쪽으로 달려갔어요.

쾅쾅쾅쾅!

요란한 소리가 나면서 계단과 천장이 무너졌어요. 마스터와 아이들은 서로를 꼭 껴안았답니다.

한참 뒤 지유가 정신을 차려 보니 지유의 방이었어요. 침대 위에는 지호가 잠들어 있었답니다. 지유는 놀라서 얼른 오빠를 깨웠어요. 눈을 뜬 지호가 얼떨떨한 표정으로 지유를 향해 물었어요.

"혹시 너 이상한 꿈을 꾸지 않았어?"

지유는 바닥에 떨어진 게임기를 주웠어요. 배터리도 제대로 들어 있었고, 전원을 켜니까 게임기가 켜졌답니다.

"응. 마스터랑 나양이랑 우리 모두 지하실에 있었는데……."

지유가 중얼거리는데 게임기에서 알람이 울렸어요. 편지 봉투 모양의 아이콘을 누르자 이런 내용이 보였답니다.

> 너희 덕분에 나는 바이러스에서 풀려났어. 고마워.
> — 마스터로부터.

지유와 지호의 얼굴 위로 뿌듯한 미소가 동시에 번졌답니다.

"지유야, 지호야! 케이크 먹으러 나와! 아빠가 사 왔어!"

방 밖에서 아빠 목소리가 들렸어요. 지호와 지유는 게임기를 내려놓고 신나게 케이크를 먹었답니다. 아빠가 사 온 케이크는 아주아주 달콤하고 맛있었어요.

며칠이 지났어요.

지유와 지호는 공평하게 하루 1시간씩 게임을 했어요. 그리고 남는 시간엔 책을 읽거나 서로 대화를 나누었지요.

그리고 그날 오후 지유네 집에 선물이 도착했어요. 지호와 지유를 위한 자전거 두 대였어요. 커다란 리본이 달린 자전거 안에 카드 한 장이 들어 있었어요.

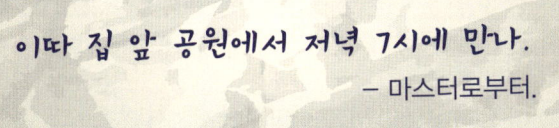

지유와 지호는 저녁을 먹고서 공원으로 나갔어요. 마스터가 준 자전거를 타고 달리자 저녁 바람이 시원하게 머리를 스쳐 지나갔어요.

드디어 공원에 도착하자 낯익은 얼굴이 보였답니다. 지유는 마스터가 나올 거라고 생각했는데 아니었어요.

"지유야! 지호 오빠!"

자전거 위에 올라탄 나양이가 밝은 미소로 외쳤어요. 지유는 너무 반가워서 소리를 지르며 달려갔어요.

나양이는 현실로 돌아가서 부모님에게 게임 중독이었다는 사실을 이야기했어요. 그다음부터는 부모님과 함께 저녁을 먹고 밖에 나가서 배드민턴을 치는 시간을 갖기 시작했대요. 고치기 힘들었지만 밤 10시가 넘으면 게임도 하지 않기로 했고요.

"우리 일주일에 세 번씩 만나서 같이 자전거 타자. 어때?"

지유가 묻자 나양이가 활짝 웃으면서 대답했어요.

"좋아! 내 친구가 되어 준다고 했지? 나도 너희 친구가 되어 줄게."

지유와 나양이가 신나서 자전거를 타고 공원을 한 바퀴 돌았어요. 지호도 질세라 그 뒤를 따라서 함께 달렸답니다.

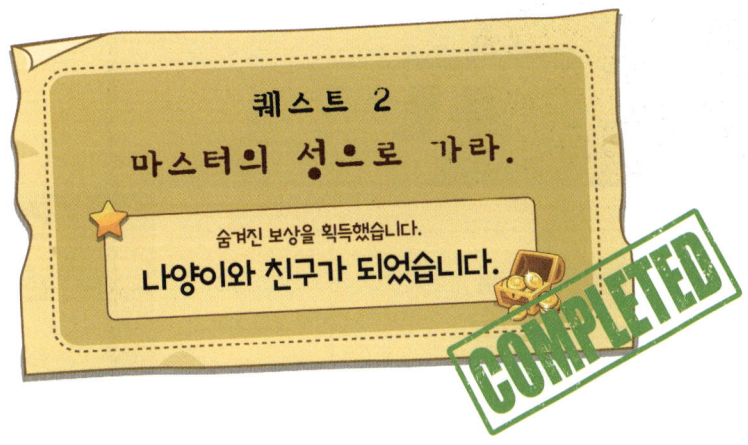

왜 게임에 빠지게 될까?

게임에 빠지게 되는 이유 중 하나는 바로 심리적인 불안, 갈등 때문이에요. 학교에서 친구들과 잘 사귀지 못하거나 따돌림을 당하는 경우, 부모님과의 갈등으로 혼자 있는 시간이 많은 경우 등이 이에 해당되지요. 학교 성적이 떨어지니까 그 스트레스를 풀겠다고 게임을 시작했다가 빠져나오지 못하는 친구들도 있어요. 게임을 통해서 그 불안함을 잠시 잊는 것이지요. 또 게임에서 사람들과 채팅을 하면서 위안을 받거나 함께 즐긴다는 일체감 때문에 의존하게 되는 경우도 있답니다. 이럴 때는 '게임 중독'이라는 병으로 진단하여 약을 먹거나 치료를 할 게 아니라, 근본적인 문제가 무엇인지 잘 살펴볼 필요가 있어요.

스마트폰 중독이 곧 게임 중독으로?

스마트폰 과의존 측정법

이용 시간 줄이기 실패	
이용 시간 조절이 어려움	
이용 시간 지키는 것이 어려움	
다른 일에 집중하기가 어려움	
계속 생각남	
하고 싶은 충동이 생김	
건강 문제가 발생	
가족과 다툼이 일어남	
사회적 관계에서 갈등이 생김	
업무(학업) 수행이 어려움	

- 전혀 그렇지 않다 1점
- 그렇지 않다 2점
- 그렇다 3점
- 매우 그렇다 4점

합계
23점 미만 **일반 사용자**
23~30점 **잠재적 위험군**
31점 이상 **고위험군**

스마트폰 과의존 증상 및 영향
(복수 응답)

- **36.4%** 이용시간 지키는 것이 어렵다
- **32.0%** 다른 일에 집중하기가 어렵다
- **21.4%** 학업 수행이 어렵다
- **21.0%** 가족과 다투게 됐다
- **20.4%** 건강에 문제가 생겼다

9~17세 스마트폰 과의존 수준

- 고위험군
- 잠재적 위험군
- 위험 단계 아님

3.6% 26.7% 69.7%
5.8% 27.9% 66.3%

자료: 보건 복지부

주로 사용하는 게임 기기

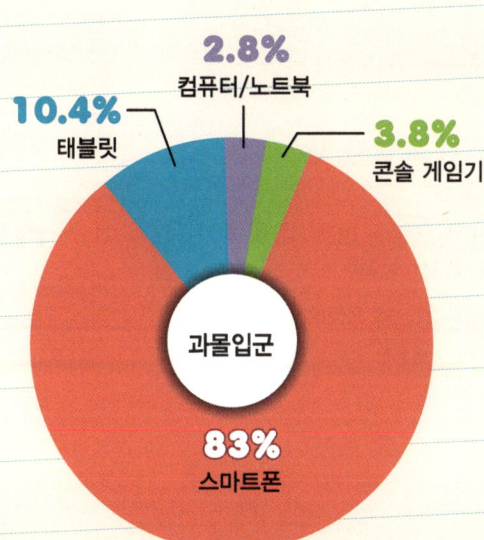

- 2.8% 컴퓨터/노트북
- 3.8% 콘솔 게임기
- 10.4% 태블릿
- 83% 스마트폰

과몰입군

자료: 2019 게임 과몰입 종합 실태 조사, 한국 콘텐츠 진흥원

토론왕 되기!

게임 과몰입에 대한 여러분의 생각은?

지유는 〈전설의 망치〉 다음으로 즐길 게임을 찾고 있어요. 그런데 반 친구들 사이에서 요즘 〈투자왕 민경〉이라는 게임이 인기가 높아요. 지유의 입장에서 이야기를 진행해 나가 보세요.

1
지유는 새 게임을 시작했어요. 그런데 친구들을 보니 다들 멋진 의상에 강력한 무기를 뽐내고 있어요. 알고 보니 돈을 주고 사야 하는 과금 아이템이라지 뭐예요.

나도 과금 아이템을 살 거야. ▶▶ ❷ 로
돈이 아까워. ▶▶ ❸ 으로
게임은 시간 낭비일 뿐이야. ▶▶ 엔딩 A 로

2
친구들을 따라 과금을 했지만 더 멋진 아이템들이 계속 눈에 들어와요. 이것도 저것도 다 사고 싶어요. 게임을 마음껏 즐기려면 과금을 더 많이 해야 할 것 같아요.

아니야, 충분히 즐겼어. 이 정도로 만족할래. ▶▶ ❺ 로
이왕 시작한 게임이니 남들보다 앞서야겠지. ▶▶ ❻ 으로

3
과금을 안 하니까 친구들에게 뒤쳐지는 것 같아요. 과금 없이 받는 보상 아이템을 위해 정해진 시간마다 열리는 이벤트에 꼬박꼬박 참가해야 하니 게임에 지배 받는 느낌이 들어요.

지겨우니 다른 게임을 찾아야겠다. ▶▶ ❶ 로
과금을 하지 않는 대신 시간을 투자해야지. ▶▶ ❹ 로
게임하는 시간을 적절히 조절해야겠다. ▶▶ ❼ 로

4
지유는 과금 대신 모든 게임 내 이벤트에 참가하기로 했어요. 알람 시계를 맞춰 놓고 시간마다 게임에 들어가요. 수업 시간이든 밥 먹는 시간이든 시간만 되면 게임기를 켰지요.

그래도 부족해! 시간을 더 투자해야지. ▶▶ ❻ 으로
이대로는 안 돼. 게임을 끊어야겠다. ▶▶ ❺ 로

5

게임을 끊으니까 시간이 남아요. 이 남는 시간을 어떻게 써야 할지 고민이 되어요. 빈둥빈둥하고 있으니 다시 게임이 하고 싶어져요. 예전에 몰두했던 기억이 그리워요.

새로운 게임을 시작하자. 이번엔 더욱 열심히 해 볼까? ▶▶ **1** 로

새로운 게임을 시작하자. 이번엔 시간을 조절해서 해 볼까? ▶▶ **7** 로

아냐, 게임은 이제 질렸어. ▶▶
엔딩 A 로

6

이제는 내가 잠자는 시간에도 친구들은 앞서 나갈 거 같아서 잠도 못 자겠어요. 자다가도 일어나 이벤트에 참가해요. 일상이 무기력하고 하루 종일 게임 생각만 해요.

이대로는 안 되겠어. 일상 생활로 돌아가자. ▶▶ **5** 로

지금까지 한 게 아까우니 끝까지 한다. ▶▶ 엔딩 B 로

7

시간을 정해서 게임을 하고 그 외 시간에는 운동이나 공부를 해요. 친구들과 만나 놀기도 하고요.

그래, 이게 내가 원하던 바야. ▶▶ 엔딩 C 로

뭔가 허전해. 게임 시간을 더 늘려 볼까? ▶▶ **4** 로

엔딩 A

게임을 안 한다고? 잘 생각했어. 이제 나도 게임 중독자들 때문에 잠을 설치거나 하지는 않겠군. 그런데 이것 하나만 기억해 둬. 게임을 하지 않는 게 중요한 것이 아니라 게임을 하지 않는 시간에 무엇을 할 것인가가 더 중요하다는 사실을!

엔딩 B

예전의 나처럼 되는 길을 택했구나. 나도 그 기분을 알지. 게임을 할 때는 즐겁고 행복해. 하지만 너무 지나치면 현실로 돌아오지 못하게 돼. 잘 생각해 봐. 게임의 너와 현실의 너를 구분해야만 해.

엔딩 C

게임이 무조건 나쁜 것은 아냐. 적절한 게임은 스트레스도 풀어 주고 여가 선용에도 도움이 돼. 중요한 것은 일상 생활에 지장을 줄 정도로 너무 몰입하지 않도록 주의하는 것이지.

게임 마스터의 한마디

여러 경우를 둘러 보았나요? 어떤 결말이 가장 이상적이라고 생각하세요? 과금이라고 해서 무조건 나쁜 것은 아니에요. 적절한 과금은 시간 절약도 되고 게임 회사가 새로운 게임을 개발하는 데 도움이 되기도 거든요. 아무도 과금을 하지 않는다면 게임 회사는 게임 서비스를 끝낼 수밖에 없어요. 다만 게임을 만드는 회사는 사용자가 계속해서 게임에 몰입하도록 꾸미는데 이를 우리 스스로 조절하지 못하면 게임에 지배 받게 되는 거예요.

5장 마스터를 만나다

 **퍼즐 퀴즈**

슬라임이 물어보는 단어를 아래 퍼즐에서 찾아 완성해 보세요.

1 세계 보건 기구의 약자
2 16세 미만 어린이가 밤 12시~새벽 6시까지 게임에 접속할 수 없는 제도
3 게임을 전문적으로 하는 직업을 가진 사람
4 게임 안에서 주어지는 임무로, 보상을 받을 수 있음
5 인터넷으로 들어와 컴퓨터 시스템을 망치거나 데이터를 지우는 프로그램

바	도	스	러	강
로	A	게	차	H
C	퀘	이	다	천
이	W	프	O	제
섯	머	운	트	스

① WHO, ② 셧다운 제도, ③ 프로게이머, ④ 퀘스트, ⑤ 바이러스

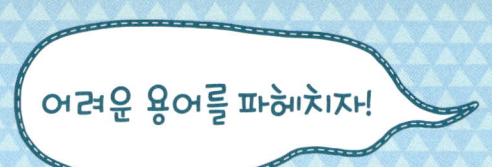

경험치 게임에서 특정한 행동을 하면 쌓이는 수치에요. 일정 이상 경험치가 쌓이면 게임 안에서 레벨이 올라가곤 하지요. EXP(Experience Point) 또는 XP라고 하기도 해요.

닉네임 별명이라는 뜻의 영어 단어인데 인터넷이나 게임 등의 가상 공간에서 진짜 이름 대신 사용하는 이름을 말해요.

바이러스 프로그램 인터넷 등 외부를 통해 들어와 컴퓨터 시스템을 망치고 데이터를 지우는 악성 프로그램이에요. 멋모르고 어떤 사이트를 열거나 엉뚱한 프로그램을 다운받아서 감염되는 경우가 많아요.

사이버 머니 인터넷이나 게임 안에서 쓸 수 있는 돈으로, 현실에서 쓰는 화폐와 단위가 달라요.

아이콘 컴퓨터에 내리는 명령을 문자나 그림으로 나타낸 것이에요. 마우스나 터치 등으로 선택하여 명령을 실행해요.

업그레이드 원래 상태보다 훨씬 더 좋게 바꾸는 것을 말해요.

퀘스트 게임 안에서 주어지는 임무 또는 미션을 말해요. 달성하면 사이버 머니나 경험치 등의 보상을 받을 수 있어요.

프로 게이머 게임을 전문적으로 하면서 게임 리그에 나가는 직업을 가진 사람이에요. 스포츠 선수처럼 활동하지요.

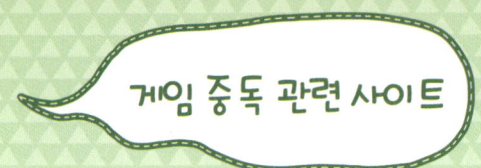

게임 중독 관련 사이트

허브센터 수도권 게임 과몰입 힐링 센터(중앙대학교 병원) www.game-clinic.org
게임 문화 재단의 후원으로 중앙대학교 병원 내에 개소된 곳이에요. 병에 가까울 정도로 게임에 몰입하게 된 이들을 위해 상담을 진행하고 약물 치료도 제공하는 곳이지요. 인터넷 게임 중독과 관련된 다양한 기사를 소개하고, 일상생활이 힘든 이들에게 도움을 주는 내용들을 담고 있어요.
전국적으로 이러한 힐링 센터가 건립된 곳은 대구 가톨릭 대학교 병원, 국립 나주병원, 건국대학교 충주병원, 푸르메재단 넥슨어린이재활병원, 원주 세브란스 기독병원 등이에요.

스마트 쉼 센터 www.iapc.or.kr
스마트폰 사용도가 중독에 가까울 정도로 높은 이들을 위해 다양한 정보를 제공하고 일상생활로 돌아올 수 있도록 교육 프로그램을 제공하는 사이트예요. 예방 교육에 관한 자료도 함께 살펴볼 수 있지요.

신나는 토론을 위한 맞춤 가이드

지호, 지유와 함께한 게임 속 여행이 즐거웠나요? 이제 게임 중독이 무엇인지, 중독되지 않고 즐겁게 게임하는 방법을 친구들에게 설명할 수 있을 거예요. 이제 마지막 단계인 토론을 잘하려면 올바른 지식과 다양한 정보가 뒷받침되어야 해요. 책을 다 읽고 친구 또는 부모님과 신나게 토론해 봐요!

잠깐! 토론과 토의는 뭐가 다르지?

토론과 토의는 모두 어떤 문제를 해결하기 위해 의견을 나누는 일입니다. 하지만 주제와 형식이 조금씩 달라요. 토의는 여러 사람의 다양한 의견을 한데 모아 협동하는 일이, 토론은 논리적인 근거로 상대방을 설득하는 일이 중요합니다. 토의는 누군가를 설득하거나 이겨야 하는 것이 아니기 때문에 서로 협력해서 생각의 폭을 넓히고 좋은 결정을 내릴 때 필요해요. 반면 토론은 한 문제를 놓고 찬성과 반대로 나뉘어 서로 대립하는 과정을 거치지요. 넓은 의미에서 토론은 토의까지 포함하는 경우가 많습니다. 토론과 토의 모두 논리적으로 생각 체계를 세우고, 사고력과 창의성을 높이는 데 도움을 준답니다.

토론의 올바른 자세

말하는 사람
1. 자신의 말이 잘 전달되도록 또박또박 말해요.
2. 바닥이나 책상을 보지 말고 앞을 보고 말해요.
3. 상대방이 자신의 주장과 달라도 존중해 주어요.
4. 주어진 시간에만 말을 해요.
5. 할 말을 미리 간단히 적어 두면 좋아요.

듣는 사람
1. 상대방에게 집중하면서 어떤 말을 하는지 열심히 들어요.
2. 비스듬히 앉지 말고 단정한 자세를 해요.
3. 상대방이 말하는 중간에 끼어들지 않아요.
4. 다른 사람과 떠들거나 딴짓을 하지 않아요.
5. 상대방의 말을 적으며 자기 생각과 비교해 봐요.

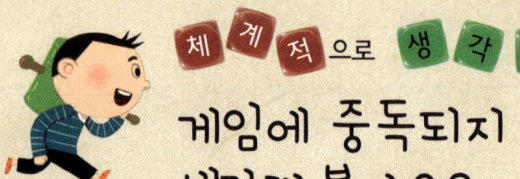

게임에 중독되지 않는 예방법을 스스로 생각해 볼까요?

게임은 스트레스를 풀 수 있는 재미있는 놀이예요. 하지만 게임을 건강하게 오래하려면, 다른 취미 활동도 함께하는 것이 좋아요. 아래 글을 읽고 내가 생각하는 게임 중독이 무엇인지 정리해 보아요.

세계 보건 기구(WHO)가 2018년 게임 장애를 국제 질병 분류 체계(ICD-11)에서 새로운 질병으로 분류함에 따라, 2022년 1월 1일부터 효력이 발생할 예정이에요. 이렇게 되면 게임 중독도 사람에게 발생하는 질병이나 사망 원인의 하나로 분류되며 공식 질병으로 등재됩니다. WHO는 ICD-11 개정 최신판에서 게임 장애 항목을 중독성 행동 장애 하위 분류에 등재했어요. 게임 장애 행동 양상은 개인뿐만 아니라 가족, 사회, 직업, 교육 등 기타 기능에 중요한 부분에서 손상을 초래할 정도로 심각하고 그 지속 기간이 최소 12개월 이상일 때 의학적 치료가 필요한 질병으로 규정하지요. WHO의 이런 움직임에 게임 업계, 일부 전문가 등은 아직 확실한 장애 증거가 입증되지 않았다며 반대하고 있어요. 게임 산업이 급성장한 지난 20여 년 동안 비디오 게임이 결정적으로 심신 건강을 훼손하거나 범죄를 유발한다는 연구 결과는 나오지 않았다는 것이 이유지요. 하지만 잔인한 유형의 게임은 계속 발매되고 있고, 폭력적인 사건의 범죄자 중 게임에 중독된 경우가 있으니 아주 관계가 없다고 하기도 어려운 상황이지요.

2017년 미국 조사에 따르면, 13살 이상의 전체 미국인 2/3는 자신이 게임을 즐긴다고 생각한대요. 12~15살의 어린이, 청소년은 매주 12.2시간 게임을 하고 3~4살 어린이도 매주 5.6시간 비디오 게임을 하지요. 중독성이 강한 비디오 게임을 어린이들이 장시간 할 경우 그 두뇌가 약물 중독이나 알코올 중독에 걸렸을 때와 같은 영향을 받는다는 연구 결과도 있어요.

게임에 중독되지 않으면 즐길 수 있는 방법은 없는 것일까요?

1. 중독이라는 단어를 들으면 어떤 느낌이 드나요? 게임 말고 다른 것에도 중독될 수 있는지 이야기해 봅시다.

2. 게임에 중독되지 않기 위한 다른 취미를 5가지 이상 생각하여 써 보세요.

논리적으로 말하기 1
게임 아이템을 얼마나 사는 게 적당할까요?

주변 친구들과 어울려서 게임을 하다 보면 더 높은 레벨과 점수를 얻고 싶은 욕심이 듭니다. 나보다 더 좋은 아이템을 가진 사람을 보면 부럽기도 하고요. 하지만 그때마다 사이버 머니를 충전하거나 아이템을 사도 괜찮을까요? 아래 글을 읽고 의견을 나눠 보세요.

미성년 자녀가 부모 몰래 게임 내 과금을 하는 경우가 심심치 않게 벌어진다고 해요. 그런데 부모가 뒤늦게 이 사실을 알고 환불을 요구하더라도 절차가 간단하지 않다는 게 문제예요. 부모가 결제에 동의하지 않았다는 걸 확인하기 위해 내야 하는 서류가 많기 때문이지요.

미성년 사용자가 많게는 수백만 원까지 결제하는 일이 벌어졌는데 거기에 동의해 줄 부모가 과연 몇이나 있을까요? 수십 차례에 미성년 사용자가 결제하는 상황이라면, 게임 업체 측에서 이상한 점을 발견하고 제재하는 게 맞지 않을까 하는 게 소비자 측 입장이지요.

피해자들은 해당 게임 개발사에 이 사실을 알리고 환불을 요청합니다. 실제로 이것은 가능합니다. 법정 대리인의 동의 없이 미성년자 결제가 진행된 경우 간단한 확인을 진행한 후 결제 취소를 진행한다고 안내를 하고 있고요. 그런데 정말 간단한 확인일까요? 취소 요청서는 물론 카드 사용 내역, 가족 관계 증명서, 자녀의 휴대 전화 가입 증명서 등 온갖 서류를 요구한답니다. 소액인 경우에는 이런 절차가 복잡해서 환불 요청을 포기하는 이들도 있을지 몰라요.

2019년 공정 거래 위원회는 자녀가 회원 가입 시 자동으로 부모가 모든 책임을 지도록 하는 조항을 삭제하도록 조치했어요. 하지만 부모가 결제에 동의하지 않았다는 걸 입증해야 되는 상황은 변함없습니다.

여러분은 혹시 이런 경험이 있지 않나요?

1. 게임 아이템을 결제하지 않고도 게임을 즐길 수 있는 방법을 생각해 보요.

2. 어린이가 게임 아이템을 사고파는 행동을 한다면 어떤 문제가 생길지 토론해 보요.

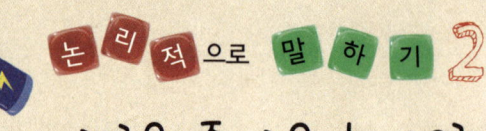

게임은 즐거운 놀이일까요, 위험한 중독일까요?

게임이 중독되기 쉽고 어린이들에게 안 좋은 영향을 미친다는 이야기도 많아요. 하지만 집에서만 지내야 하는 경우, 마땅히 놀거리가 없을 때 건전한 게임은 즐거움을 주는 놀이가 될 수도 있겠지요. 아래 대화를 읽고 질문에 답해 보세요.

 코로나바이러스 때문에 집에 갇혀 있는 것 같아. 학교도 못 가고.

 야, 나는 오히려 좋아. 집에서 마음껏 게임을 할 수 있으니까. 뉴스 보니까 우리처럼 학교 안 가는 사람, 직장을 쉬게 된 어른 등이 많아지면서 게임을 많이 한대.

 하긴 우리 부모님도 친구분들 못 만나니까 게임 같은 걸 하면서 스트레스 푸시더라. 이번에 우리 가족을 위한 게임기 샀잖아. 헤헤.

 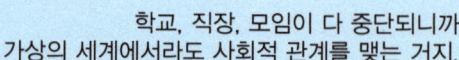 학교, 직장, 모임이 다 중단되니까 가상의 세계에서라도 사회적 관계를 맺는 거지.

 오, 좀 유식해 보이는데? 어쨌든 예전에는 게임 좀 그만하라고 잔소리했는데, 요즘엔 부모님이 먼저 "게임하자!" 그러신다니까.

 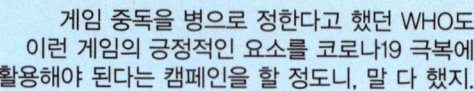 게임 중독을 병으로 정한다고 했던 WHO도 이런 게임의 긍정적인 요소를 코로나19 극복에 활용해야 된다는 캠페인을 할 정도니, 말 다 했지.

 그런 걸 보면 게임이 무조건 나쁜 건 아냐. 그치?

1. WHO에서 게임을 하라는 캠페인을 보면서 어떤 생각이 드나요?

2. 게임의 어떤 점이 코로나19 시대를 살아 나가는 데 도움이 되나요?

3. 코로나19 이후에 게임을 하면서 마음이 즐거워졌나요? 혹은 오히려 게임 중독이 더 심해졌나요?

게임 덕분에
시간을 잘 보냈다.

VS

게임 중독이
더 심해졌다.

창의력 키우기

쉽게 중독되지 않고 사람들에게 도움이 되는 게임을 만들어 봐요!

최근, 미국에서는 산만하고 충동적인 행동을 하는 어린이를 치료하는 게임을 개발했어요. 이 게임은 미국 식품의약국(FDA)에 승인을 받게 되면서 주위를 놀라게 했어요. 이러한 게임 또는 소프트웨어를 '디지털 치료제'라고도 해요. 게임으로 아픈 사람을 치료할 수 있게 된 것이죠.
사람들에게 즐거움을 주거나 아픔을 치료할 수 있는 게임 아이디어가 있나요? 여러분의 상상을 발휘해 보세요!

예시 답안

게임에 중독되지 않는 예방법을 스스로 생각해 볼까요?

1. 중독은 한 가지 일에 빠지는 것을 말한다. 그래서 일상생활을 하는 데 방해가 될 수 있다. 초콜릿이나 사탕을 너무 좋아해서 식사 시간에 입맛이 떨어지는 것도 일종의 중독이다.
2. (1) 내가 만든 요리를 인터넷 동영상으로 올린다.
   (2) 근처 공원에 자전거를 타고 다니며 운동을 한다.
   (3) 만화를 좋아해서 웹툰을 그려 본다.
   (4) 어릴 때 배우다 만 태권도를 다시 시작해서 단수를 높여 보겠다.
   (5) 아이돌 댄스를 배워서 멋지게 커버 댄스를 완성한다.

게임 아이템을 얼마나 사는 게 적당할까요?

1. 남들보다 높은 점수를 얻고 싶다는 조바심을 버리면, 유료 결제를 안 해도 즐겁게 게임을 즐길 수 있다. 어떻게 하면 가장 빠르고 많이 점수를 얻을 수 있는지 게임의 구조를 파악해 보자. 정직하게 내 힘으로 레벨을 올린다고 생각하면 오히려 뿌듯할 수 있다.
2. 어린이는 경제 활동을 하지 않기 때문에 부모님에게 받은 용돈으로 아이템을 결제할 수 있다. 그렇기 때문에 부모님에게 꼭 허락을 받도록 한다. 일부 어른들은 게임 캐릭터나 아이템을 돈으로 사고팔기도 한다. 하지만 어린이가 낯선 사람과 거래를 한다는 것은 아주 위험한 일이다. 때론 범죄에 연루될 수도 있으니, 절대 아이템 거래는 하지 않도록 한다.

게임은 즐거운 놀이일까요, 위험한 중독일까요?

1. 게임이 질병이라고 주장했다가 게임을 하라고 하니까 황당하기도 하다. 하지만 그만큼 코로나19 시대에 많은 사람이 고립되고 힘든 시간을 보낸다는 의미이기도 하다.
2. 게임은 굳이 바깥에 나가지 않아도 할 수 있다. 특히 집에서 게임을 하면 마스크를 쓰고 바깥에 나가지 않아도 되어서 편하다. 코로나19로 만나지 못하는 친구도 게임 안에서 바로 만날 수 있다. 친구와 함께 게임을 하면서 대화를 나눌 수 있어서 좋다. 적당히 게임을 하고 나면 스트레스도 풀 수 있어서 코로나19를 잠시 잊을 수 있다.
3. 게임 덕분에 시간을 잘 보냈다 → 스트레스를 풀 수 있었다. 특히 부모님이나 가족과 같은 게임을 하면서 오랜만에 대화도 나누고 즐거운 시간을 보냈다.
   게임 중독이 더 심해졌다. → 코로나19 전보다 게임하는 시간이 더 많이 늘어서 중독이 된 것 같다.

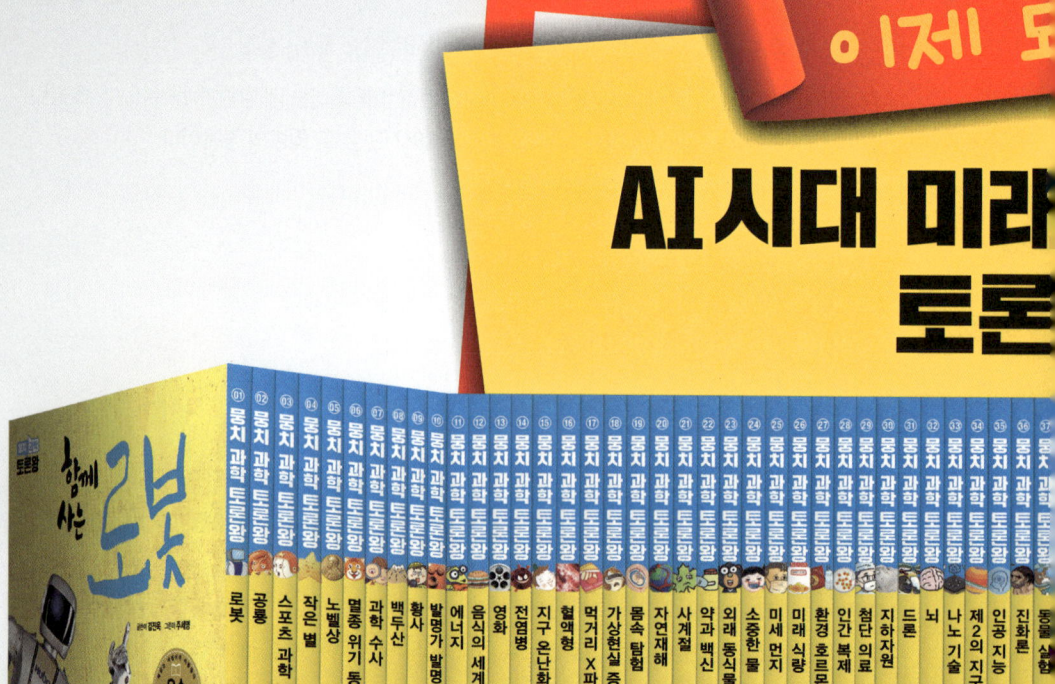

AI 시대 미래
토론

✓ 뭉치북스가 만든 국내 최초 토론
✓ 한국디베이트협회와 교육 전문가들이 강력

200만 부 판매 돌파!

인재를 위한
과서

✓ 초등 국어 교과서 선정 도서!
책! ✓ 활용 만점 독후 활동지 각 권 제공!

한우리 추천도서 | 경향신문 추천도서 | 경기도 초등토론 교육연구회 추천 | 경기도 지부 독서 골든벨 선정도서 | 환경정의 어린이 환경책 권장도서

학교도서관 사서협의회 추천도서 | 한국 아동문학인협회 우수도서

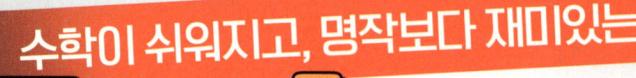

뭉치수학왕

수학이 쉬워지고, 명작보다 재미있는

"인공지능(AI) 시대의 힘은 수학에서 나온다!"

개념 수학

〈수와 연산〉
1. 양치기 소년은 연산을 못한대
2. 견우와 직녀가 분수 때문에 싸웠대
3. 가우스, 동화 나라의 사라진 0을 찾아라
4. 가우스는 소수 대결로 마녀들을 물리쳤어
5. 앨런, 분수와 소수로 악당 히들러를 쫓아 내라
6. 약수와 배수로 유령 선장을 이긴 15소년

〈도형〉
7. 헨젤과 그레텔은 도형이 너무 어려워
8. 오일러와 피노키오는 도형 춤 대회 1등을 했어
9. 오일러, 오즈의 입체도형 마법사를 찾아라
10. 유클리드, 플라톤의 진리를 찾아 도형 왕국을 구하라
11. 입체도형으로 수학왕이 된 앨리스

측정
12. 쉿! 신데렐라는 시계를 못 본대
13. 알쏭달쏭 알라딘은 단위가 헷갈려
14. 아르키는 어림하기로 걸리버 아저씨를 구했어
15. 원주율로 떠나는 오디세우스의 수학 모험

규칙성
16. 떡장수 할머니와 호랑이는 구구단을 몰라
17. 페르마, 수리수리 규칙을 찾아라
18. 피보나치, 수를 배열해 비밀의 방을 탈출하라
19. 비례배분으로 보물섬을 발견한 해적 실버

자료와 가능성
20. 아기 염소는 경우의 수로 늑대를 이겼어
21. 파스칼은 통계 정리로 나쁜 왕을 혼내 줬어
22. 로미오와 줄리엣이 첫눈에 반할 확률은?

창의 사고 수학
31. 퍼즐탐정 쎌렁홈즈①–외계인 스콜피오스의 음모
32. 퍼즐탐정 쎌렁홈즈②–315일간의 우주여행

문장제
23. 개념 수학–백점 맞는 수학 문장제①
24. 개념 수학–백점 맞는 수학 문장제②
25. 개념 수학–백점 맞는 수학 문장제③

융합 수학
26. 쌍둥이 건물 속 대칭축을 찾아라(건축)
27. 열차와 배에서 배수와 약수를 찾아라(교통)
28. 스포츠 속 황금 각도를 찾아라(스포츠)
29. 옷과 음식에도 단위의 비밀이 있다고?(음식과 패션)
30. 꽃잎의 개수에 담긴 수열의 비밀(자연)

33. 퍼즐탐정 쎌렁홈즈③–뒤죽박죽 백설 공주 구출 작전
34. 퍼즐탐정 쎌렁홈즈④–'지지리 마란드러' 방학 숙제 대작전
35. 퍼즐탐정 쎌렁홈즈⑤–수학자 '더하길 모테'와 한판 승부
36. 퍼즐탐정 쎌렁홈즈⑥–설국언차 기관사 '어러도 달리능기라'
37. 퍼즐탐정 쎌렁홈즈⑦–해설 및 정답

수학 개념 사전
38. 수학 개념 사전①–수와 연산
39. 수학 개념 사전②–도형
40. 수학 개념 사전③–측정·규칙성·자료와 가능성